ALBERT EINSTEIN

EL MUNDO COMO YO LO VEO

•FONTANA•

ALBERT EINSTEIN

EL MUNDO COMO YO LO VEO

TRADUCCIÓN:

J. L. SADA

PRÓLOGO Y PRESENTACIÓN:

FRANCESC LLUIS CARDONA,

Doctor en Historia y Catedrático

EL MUNDO COMO YO LO VEO, Albert Einstein

Prólogo / Presentación: Francesc Lluis Cardona
Traducción: J. L. Sada
Diseño gráfico / Ilustración portada: Daniel Jurado

Edita: Olmak Trade S.L.
C/ Roca Plana 1
08110 - Montcada i Reixac
Barcelona (España)

www.olmaktrade.com
info@olmaktrade.com

@O_BookTrade
#ClásicosFontana

Impreso en España / Printed in Spain

I.S.B.N: 978-84-10109-62-9
Depósito Legal: B 10110-2024

Albert Einstein: El hombre y su mundo

El 14 de marzo de 1879 nace en Ulm, Alemania, en el ducado de Suabia, a la sazón todavía autónomo y hoy en día incorporado al de Würtemberg, Albert Einstein. Hijo de padres judíos. Sus padres pertenecían a familias de típicos comerciantes alemanes, pero como excepción que confirma la regla, referido a los hebreos, Hermann, el padre, no era muy experto en los negocios, y cuando tenía un año de edad, Einstein tuvo que ir a vivir a Munich por imperativo paterno para cuidar un negocio que Hermann regentaba con su hermano: fabricaban equipos eléctricos.

Su madre tocaba el piano y Einstein se aficionó pronto a la música clásica. A los siete años comenzó a tomar lecciones de violín. Albert era un niño soñador al que no le gustaban los deportes, ni los juegos. Hasta los tres años no aprendió a hablar hasta el punto de que sus padres temieron que fuera subnormal. En Munich nació Maja, su única hermana.

Einstein despreció la enseñanza memorística y machacona del Gymnasium. Fue un alivio para él poder reunirse con sus padres en Milán, al progenitor, una vez más, le había fracasado el negocio. El propio Einstein recuerda de su infancia los dos hechos científicos que más le sorprendieron: la atracción de la aguja de la brújula hacia el Norte y el Teorema de Pitágoras. A los doce años se entusiasmó con un pequeño libro de geometría euclidea. Cerradas las puertas de la Escuela Superior por sus irregularidades en los Estudios Primarios, intentó la entrada en la Politécnica de Zurich, pero fracasó.

Pronto se preparó en una escuela progresista de Aarau y al cabo de un año solicitó de nuevo la entrada en la politécnica y esta vez fue admitido. En 1900 se graduó. Por aquel entonces ya había abandonado el estudio de las Matemáticas por el de la Física. Sin embargo, también sus profesores le abandonan y tuvo que malvivir como profesor temporal en una Escuela Técnica Superior en Winthertur, cerca de Zurich. La experiencia duró a penas unos meses, después fue tutor de unos estudiantes en una escuela de internado de Schafhausen, junto a las cataratas del Rin, dramáticamente de donde fue despedido cuando quiso cambiar la rigidez del sistema del colegio. En 1902 encontró un trabajo más estable en la oficina de patentes de Berna y al año siguiente, con mayor seguridad en el trabajo, se casó con Mileva Maritsh (Maric) de origen húngaro, que había conocido como estudiante. Él judío, y ella de tradición servia, ortodoxa-griega, el matrimonio no tendría éxito y se separarían en 1914, obteniendo el divorcio en 1919. Le daría dos hijos: Hans Alberto, nacido en 1904, profesor de Ingeniería Hidráulica en Berkeley hasta su muerte y Eduard, nacido en 1910, estudió psiquiatría y medicina y falleció en 1965. En 1919 se volvió a casar con su prima Elsa, recientemente enviudada con dos niñas. Una mujer de temperamento maternal y amistoso, de agradable conversación y muy interesada en crear un hogar placentero.

La relatividad especial

La Física en tiempos de Einstein se basaba en la mecánica newtoniana y en las ecuaciones del escocés James Maxwell (el mismo que en 1857 había descubierto la naturaleza de los anillos de Saturno) que gobernaban la electricidad y el magnetismo. El primer artículo de Einstein sobre la relatividad lo publicó en la revista alemana *Annalen der Physik* en 1905 bajo el título "Sobre la electrodinámica de los cuerpos en movimiento". En él creó ya la Teoría de la Relatividad Especial o Restringida, donde solventaba las diferencias entre Newton y Maxwell.

Einstein cambió radicalmente los conceptos clásicos de espacio y tiempo. Así la medida de longitudes o la simultaneidad de acontecimientos no son absolutos, sino que dependen del sistema de referencia en el que se encuentran los que realizan las observaciones.

Por ejemplo, a velocidades relativamente bajas, la relatividad especial predice los mismos resultados que las leyes de la mecánica newtoniana, como, en los movimientos de los planetas).

Pero a medida que las velocidades relativas aumentan, muy por encima de las que se pueden encontrar en la experiencia normal, las predicciones de las dos teorías comienzan a separarse.

Uno de los principios básicos de la relatividad especial es que la velocidad de la luz es la misma en cualquier dirección para todos los observadores, e independientemente de la fuente que emita esa luz.

Así confirmado el resultado del experimento de Michelson y Morley, la consecuencia directa de la invariabilidad de la velocidad de la luz, el espacio y el tiempo no pueden considerarse por separado. Sino como espaciotiempo cuatridimensional (las tres dimensiones espaciales clásicas más la del tiempo).

De este modo, si una nave espacial se aproxiamara a la velocidad de la luz (300.000 kms/seg.) la distancia con respecto a un observador se acortaría, el tiempo indicado por los relojes de abordo iría más lento, y la masa del sistema aumentaría sin límites (la magnitud de estos efectos es inapreciable a velocidades normales).

Einstein se basó en los trabajos del físico holandés Lorentz, pero los transformó con su genialidad característica.

En otro artículo de 1905, Einstein fue más lejos, al afirmar que la masa se relaciona con la energía mediante su famosa ecuación E = mc2. Esta fórmula expresa que una masa m, es equivalente a la energía E = mc2, siendo c la velocidad de la luz en el vacío: una masa puede desaparecer produciendo energía o al contrario, una masa puede crearse a partir de cierta cantidad de energía. Esta equivalencia explica el origen de la luz irradiada por el Sol y las estrellas, que extraen su propia energía de reacciones termonucleares de fusión, en las cuales una fracción de masa se transforma en energía.

Así quedaba completado el principio del malogrado químico francés Lavoisier: “La materia no se crea ni se destruye, sólo se transforma... en energía”, dirá Einstein.

Tras la relatividad especial y ya desde su puesto en la Universidad de Zunc, Einstein siguió trabajando en el joven campo de la física cuántica que Max Planck había desarrollado desde comienzos del siglo XX y que enseñaba que, espontáneamente y a escala de los fenómenos elementales, la energía no podía fluir de manera continua: sólo se liberaba por pequeños paquetes separados, los *quanta*. A partir de 1911 buscó una teoría que incluyera las exigencias de la gravitación, ya que la formulada por Newton no satisfacía los requisitos de la relatividad especial.

La relatividad general

Por fin, en 1915, Einstein llegó a la Teoría de la Relatividad General que en esencia describe cómo el espacio-tiempo se ve afectado por los campos gravitatorios de la materia. Sustituyó a la Ley de la Gravitación Universal de Newton, aclaró algunas anomalías en el comportamiento de las órbitas de los planetas: el estudio del perihelio de Mercurio; le condujo a nuevas predicciones; el hecho de que los rayos de luz se curven por la atracción gravitatoria del Sol; se convirtió en la base de toda la Astronomía moderna, incluyendo la expansión del Universo. Einstein al afirmar que el Universo es curvo asocia a ella la idea de finitud, dado que la curva se cierra sobre sí misma. Nuestro Universo es finito, pero ilimitado, concluirá. Y en el momento actual, sus famosas teorías son de nuevo el centro de interés científico con el descubrimiento de los púlsares. La teoría de la Relatividad General se comprobó por las dos expediciones realizadas en 1919 a Sobral en Brasil y a la isla del Príncipe en el Golfo de Guinea, dirigida por Eddington. Las observaciones mostraron un desplazamiento en la imagen de las estrellas tal como había anunciado Einstein.

Curiosamente, cuando a Einstein le anunciaron la concesión del Premio Nobel de Física el 10 de noviembre de 1922, el comité ya había tomado la decisión el año anterior y Einstein no lo recibió de manos del embajador sueco en Berlín hasta abril de 1923, y se le dió no por su famosa teoría, sino por su trabajo fotoeléctrico sobre el quanta, un tema que entonces estaba en un estado de total confusión, y es que la concesión de este premio (en todos los campos) no ha sido siempre del todo clara. Excepto en este caso los méritos de Einstein para obtenerlo eran más que sobrados. De momento la Academia Sueca deseaba quedar al margen del ambiente especulativo que existía sobre la Teoría de la Relatividad.

Exilio y muerte

Tras la primera Guerra Mundial, fue llamado como profesor para un Instituto Universitario de Berlín, a la vez que aceptó una cátedra especial en Leyden que le permitía residir en esta ciudad holandesa durante unas semanas al año (por aquel tiempo era ciudadano suizo). Poco le duró la tranquilidad, los nazis llamaban al poder con el furibundo antisemitismo que trajeron consigo. En diciembre de 1932, Einstein se había trasladado a California y ya no volvió a Alemania abandonando en ella todas sus pertenecias. En cuanto Hitler fue dueño incontestable de Alemania, comenzaron las depuraciones raciales: En 1933 Einstein fue borrado como científico de las Academias de Prusia y de Baviera. Einstein personalmente era agnóstico, pero nacido judío, y como tal fue perseguido. Se sentía profundamente pacifista, pero por temor a que Hitler poseyera primero la bomba atómica, animó a los Estados Unidos a preparar la liberación de la energía nuclear. Estaba convencido como Nobel (aunque también como el sueco pecara de idealista) que la bomba atómica, igual que desgraciadamente no había sucedido con la dinamita, disuadiría a los pueblos de la guerra y que sólo un gobierno y un poder planetarios pondrían fin a los conflictos. Por eso apoyó con entusiasmo la constitución de las Naciones Unidas y repudió el empleo de la bomba en Hiroshima y Nagasaki. Durante veinte años impartió cursos en Princeton en el Instituto de Estudios Superiores. Aunque su salud se fue resquebrajando y abominó del McCartismo cuando surgió en los EE UU, por considerarlo lesivo contra la libertad. Falleció en el hospital de su último refugio de Princeton, el 18 de abril de 1955. Existe un "antes y un después de Einstein", como un "antes y un después de Copérnico" y "un antes y un después de Newton". Einstein no sólo fue el gran autor de la Teoría de la Relatividad, sino que previó las propiedades y aplicaciones del láser y dejó el campo expedito para los grandes descubrimientos contemporáneos de la Astrofisica: desde los púlsares, hasta los no menos famosos "agujeros negros" que ya en la época actual, el sufrido Stefen Hawking, recogería. En su etapa de madurez científica, Einstein gozó de merecida popularidad, lo que le permitió relacionarse con personajes públicos de toda índole: los físicos Max Planck y R.J. Oppenheimer (judío como él), el primer ministro británico Mac Donald, el líder sionista Ben Gurion... En los últimos años en su rostro se marcaban los dramas de su vida: la cara llena de arrugas, anchas ojeras, el pelo blanco y enmarañado en el que se plasma un idealismo inútil.

El mundo como yo lo veo: Estudio especial

Además de ser archiconocido por su teoría de la relatividad que revolucionó el mundo de la Física y del Universo, fue un inigualable genio científico y, sobre todo, un gran humanista partidario de la convivencia pacífica entre los pueblos como puede comprobarse en esta Antología de la que se ocupa una larguísima Segunda Parte titulada: Política y pacifismo. A este propósito escribe una advertencia

"Como presidente del Comité de vigilancia de los científicos nucleares, hay que hacer comprender a los seres humanos la posibilidad de su destrucción. Ello constituye la función social más importante que deben asumir los intelectuales. Un esfuerzo extraordinario es hoy indispensable para salvaguardar la paz. Si fracasamos se construirá una organización supranacional, pero sobre las ruinas de gran parte del mundo actual. Esperamos que la abolición del desorden internacional actual, no deba ser obtenida al precio de una catástrofe mundial que a todos alcanzaría. Por desgracia, los gobiernos no se dan cuenta de que la peligrosa situación en que se encuentra sumida la humanidad exige medidas drásticas".

Y en la obra que comentamos afirmará:

"los hombres verdaderamente superiores de las generaciones pasadas reconocieron la importancia de los esfuerzos para asegurar la paz internacional. Pero en nuestros tiempos el desarrollo de la técnica ha hecho de tal postulado ético una cuestión de existencia para la humanidad civilizada de hoy, y la participación activa la solución del problema de la paz ha pasado a ser un caso de conciencia que ningún hombre responsable puede ignorar"

Pero Albert Einstein es también un observador profundo y clarividente de todos los aspectos de nuestra existencia. Jamás el progreso, del que se muestra como un defensor acérrimo, ha de servir como arma arrojadiza contra su prójimo. Einstein es además un hombre, aunque en principio agnóstico, tolerante con la religión que cree necesaria y se torna sentimentalmente religioso.

¿Cuál es el sentido de nuestra existencia, cuál significado de la existencia de todos los seres vivos en general? Saber conocer semejante pregunta significa tener sentimientos religiosos. Tal vez digáis: ¿Pero es que tiene sentido formular tales preguntas? Yo os respondería: Quienquiera que crea que su propia vida y la de sus semejantes está privada de significado, no sólo es infeliz, sino apenas capaz de vivir".

Esos aspectos de nuestra existencia constituyen un abanico que abarca todos los temas. En la Primera Parte su visión del mundo recoge un extenso ramillete de escritos del sabio similares a breves artículos periodísticos en los que se ocupa de su visión de la sociedad, la religión, la política y la economía, así como de retazos de su propia vida. Nadie mejor para desgranar con una claridad y honestidad sin límites, la turbulenta época en la que le tocó en suerte vivir.

Einstein fue un antinazi visceral, pero más como defensa que en el sentido de ataque, de no haber sido necesario él no deseaba atacar a nadie. Rechazaba los totalitarismos por lo que representaban como peligro de la paz y de los derechos humanos (Tercera Parte)

La Cuarta Parte se ocupa de problemas específicos judíos. Las relaciones del judaismo con el cristianismo, el antisemitismo, la construcción del nuevo Estado de Israel en Palestina, así como una necesidad y defensa del sionismo. Sólo el judaismo primitivo no adulterado por los profetas y el cristianismo de Jesús son auténticos como única manera para curar las enfermedades sociales.

En la Quinta Parte titulada: Estudios científicos, intenta exponer (¡ardua tarea!) su famosa teoría con los términos más sencillos para que todo el mundo pueda comprenderla, su nacimiento, desarrollo y consecuencias:

"Al considerar la naturaleza específica de la teoría de la relatividad, me interesa poner en evidencia que esta teoría no es de origen especulativo, si no que su descubrimiento se debe únicamente al deseo de adoptar lo mejor posible la teoría física de los hechos observados"

Einstein fue un científico de carácter simpático, afable y bondadoso, sincero pacifista y activo defensor del desarme, aunque tuviera un intercambio epistolar con Sigmund Freud, el hosco vienés, principal fundador del psicoanálisis sobre *¿Por qué la guerra?* que dio origen a la publicación de un opúsculo. Aunque tengan ambos similar origen judío, ¡cuán diferentes los dos caracteres! Aunque de los dos se haya dicho que el siglo XX es el siglo de Einstein y de Freud por antonomasia, sin duda ha sido el siglo de Einstein.

FRANCESC LLUIS CARDONA

ALBERT EINSTEIN

EL MUNDO COMO YO LO VEO

Primera parte: El mundo como yo lo veo

El mundo como yo lo veo

Nuestra condición de hijos de la Tierra es extraña. Nos encontramos aquí por una corta visita y no conocemos con qué fin, aunque a veces creemos presentirlo. Ante la vida cotidiana no es necesario reflexionar mucho: estamos para los demás. En primer lugar para aquellos de cuya sonrisa y bienestar depende nuestra felicidad; pero también para tantos desconocidos a cuyo destino nos une una simpatía.

Reflexiono innumerables veces al día que mi vida externa e interna se fundamenta en el trabajo de otros hombres, vivos o muertos. Presiento que tengo que esforzarme por ofrecer en la misma medida en que he recibido y sigo recibiendo. Me siento inclinado a la sobriedad, oprimido muchas veces por la impresión de necesitar del trabajo de los otros. No me parece que las diferencias de clase puedan justificarse: en última instancia dependen del poder. Y creo que una vida exterior modesta y sin pretensiones es buena para todos en cuerpo y alma.

No creo categóricamente en la libertad del ser humano en un sentido filosófico. Actuamos bajo presiones externas y por necesidades internas. La frase de Schopenhauer: "Un ser humano puede hacer lo que quiere, pero no puede querer lo que quiere", fue suficiente desde la juventud. Me ha servido de consuelo, tanto el ver como el sufrir las durezas de la vida, y ha sido para mí una fuente inagotable de tolerancia. Ha aliviado ese sentido de responsabilidad que tantas veces puede volverse un obstáculo, y me ayudó a no tomarme demasiado en serio ni a mí mismo ni a los demás. Así pues, veo la vida con optimismo.

No tiene objeto angustiarse por el sentido de la existencia propia o ajena desde un punto de vista objetivo. Es verdad que cada ser humano posee ideales que lo encaminan. En cuanto a eso, jamás pensé que la satisfacción o la felicidad fueran fines absolutos. Es un principio ético que suelo denominar el Ideal de la Piara.

Los ideales que iluminaron y satisfacieron mi vida desde siempre son: bondad, belleza y verdad. La vida me habría parecido hueca sin la sensación de participar de las opiniones de muchos, sin concentrarme en objetivos siempre inalcanzables tanto en el arte como en la investigación científica. Las fútiles metas de propiedad, éxito externo y lujo me parecieron despreciables desde la juventud.

Existe una oposición entre mi pasión por la justicia social, por la obtención de un compromiso social, y mi completa carencia de necesidad de compañía, de seres humanos o de comunidades humanas. Soy un verdadero solitario. Nunca pertenecí del todo al Estado, a la Patria, al círculo de amigos ni siquiera a la familia más cercana. Si siempre fui algo ajeno a esos círculos fue porque la necesidad de soledad ha ido aumentando con los años.

El que exista un límite en la compenetración con el prójimo se revela con la experiencia. Admitirlo es perder parte de la inocencia, de la despreocupación. Pero en cambio confiere independencia frente a opiniones, costumbres y juicios ajenos, y la capacidad de rechazar un equlibrio que se funde sobre bases tan movedizas.

Mi ideal político es la democracia. El individuo tiene que ser respetado en tanto persona. Nadie debería recibir un culto idolátrico. (Siempre me pareció una ironía del destino el haber provocado tanta admiración y respeto inmerecidos. Comprendo que surgen del afán por comprender el par de conceptos que encontré, con mis débiles fuerzas, al cabo de trabajos incesantes. Pero es un afán que muchos no podrán llenar.)

Sé, claro está, que para conseguir cualquier objetivo hace falta alguien que piense y que determine. Un responsable.

Sea como fuere hay que buscar la manera de no colocar a dirigentes por la fuerza. Deben ser elegidos.

Los sistemas autocráticos y opresivos degeneran muy pronto. Pues la violencia atrae a individuos de escasa moral, y es regla constante el que a tiranos geniales sucedan verdaderos canallas.

Por eso me alineé siempre contra sistemas como los que hoy están vigentes en Italia y en Rusia. No debe atribuirse el descrédito de los sistemas democráticos en vigor en la Europa actual a algún fallo en los principios de la democracia, sino a la poca estabilidad de sus gobiernos y al carácter impersonal de las elecciones. Creo que la solución está en lo que hizo Estados Unidos: un presidente elegido por tiempo relativamente largo, y provisto de los poderes necesarios para asumir toda la responsabilidad. Valoro por el contrario en nuestra idea del funcionamiento de un Estado, la creciente protección del individuo en caso de enfermedad o de necesidades primarias.

Para hablar con exactitud, el Estado no puede ser lo más valioso: lo es el individuo creador, sensible. La personalidad. Sólo de él sale la creación de lo noble, de lo sublime. Lo masivo permanece insensible al pensamiento y al sentir.

A continuación paso a referirme al peor aborto que haya parido el espíritu de las masas: el ejército, al que aborrezco. Que alguien sea capaz de desfilar muy ufano al son de una marcha basta para que merezca toda mi repulsa; pues ha logrado cerebro por error: le es suficiente con la médula espinal. Habría que hacer desaparecer lo antes posible a esa mancha de la civilización. Cómo aborrezco las hazañas de sus mandos, los actos de violencia sin sentido, y el famoso patriotismo. Qué cínicas, qué repugnantes me parecen las guerras. ¡Me dejaría cortar en pedazos antes que que tomar parte en una acción tan vil!

A pesar de todo ello poseo tan buena opinión de la humanidad, que creo que este fantasma se hubiera esfumado hace muchos años si no tuviera la corrupción sistemática a que es reducido el recto juicio de los pueblos por medio de la escuela y de la prensa, por intercesión de personas y de instituciones interesadas económica y políticamente en la guerra.

El misterio es lo más precioso que nos es permitido sentir. Es la sensación principal, la cuna del arte y de la ciencia verdaderos. Quien la ignora, quien no puede sorprenderse ni maravillarse, está muerto. Sus ojos se han apagado.

Esta experiencia de lo misterioso (aunque mezclada con miedo) ha generado también la religión. Pero la auténtica religiosidad es saber de esa Existencia impenetrable para nosotros, saber que hay manifestaciones de la Razón más hondas y de la Belleza más resplandeciente sólo accesibles en su forma más sencilla para el intelecto.

En ese sentido, y sólo en éste, pertenezco a los seres humanos profundamente religiosos. Un Dios que recompense y castigue a seres creados por él mismo que, en otras palabras, posea una voluntad similar a la nuestra, me resulta imposible de imaginar. Tampoco deseo ni puedo pensar que el individuo sobreviva a su muerte corporal, que las almas débiles alimenten esos pensamientos por temor, o por un ridículo egoísmo. A mí me es suficiente con el misterio de la eternidad de la Vida, con el presentimiento y la conciencia de la construcción prodigiosa de lo existente, con la honrada aspiración de comprender hasta la mínima parte de razón que podamos concebir en la obra de la Naturaleza.

Significado de la vida

¿Cuál es el significado de nuestra vida, cuál es, sobre todo, el significado de la vida de todos los vivientes? Tener respuesta a esta pregunta se llama ser religioso. Preguntas: ¿posee significado plantearse esa pregunta? Contesto: quien sienta su vida y la de los otros como cosa sin sentido es un desventurado, pero algo más: casi no merece vivir.

El auténtico valor de un ser humano

Se valora según una sola regla: en qué grado y con qué objetivo se ha desprendido de su Yo.

De la riqueza

No existe riqueza suficiente para de hacer progresar a la humanidad, ni siquiera gobernada por alguien que lo intente. A concepciones nobles, a nobles acciones, sólo conlleva el ejemplo de altas y honestas personalidades. El dinero no lleva más que al egoísmo, y conduce irremediablemente al abuso.

¿Podemos imaginar a Moisés, a Jesús, a Gandhi financiados por el bolsillo de Carnegie?

Comunidad y personalidad

Al pensar en nuestra vida y trabajo obtenemos la satisfacción de que casi todo lo que obramos y anhelamos está ligado a la existencia de otros individuos. Nuestra forma de conducirnos nos emparenta con los animales sociables. Comemos alimentos confeccionados por otros seres humanos, vestimos ropas realizadas por otros, y habitamos casas levantadas por otros. Casi todo lo que sabemos y creemos nos fue transmitido a través de un lenguaje establecido por otros. Sin el lenguaje, nuestro intelecto sería pobre, comparable al de los animales superiores. Así, debemos confesar que si aventajamos a los animales superiores es gracias a nuestra vida en comunidad.

Un ser humano aislado al nacer permanecería en un nivel tan primitivo del sentir y del pensar, como difícilmente podamos imaginarlo. Lo que es y lo que significa el individuo no surge tanto de su individualidad como de su pertenencia a una gran comunidad humana, que guía su existencia material y espiritual desde el nacimiento hasta la muerte.

El valor de un ser humano para su comunidad suele fijarse según cómo disponga su sensibilidad, su pensamiento y su acción hacia el reclamo de los otros. Acostumbramos a definirlo como bueno o malo según su conducta en ese orden. De manera que, a primera vista, parecería que sólo las cualidades sociales determinan el juicio acerca de una persona.

Y, sin embargo, esa interpretación no sería justa. Resulta fácil entender que todos los bienes materiales, espirituales y morales que hemos recibido de la comunidad se deben a generaciones innumerables de individualidades creadoras organizadas. Uno descubrió un día el uso del fuego, otro el cultivo de plantas alimenticias, otro la máquina de vapor.

Únicamente el individuo aislado puede pensar. Desde allí descubrirá nuevos valores y formulará normas morales que sirvan para la vida de la comunidad.

Sin personalidades creadoras que piensen por sí mismas es imposible pensar en el desarrollo de la comunidad como lo sería el desarrollo del individuo fuera del ámbito de la comunidad.

Una comunidad sana se halla pues tan ligada a la independencia de sus miembros como a su asociación dentro de su seno. Se ha afirmado acertadamente que la cultura griego-europea-norteamericana y en especial el Renacimiento italiano, que significó el fin de la esclerósis cultural del Medievo, se basaron en la libertad y en el relativo aislamiento del individuo.

¡Contemplemos ahora la época en que vivimos! ¿Qué ocurre con la comunidad y con la personalidad? La población en los países cultos es exageradamente densa respecto a otras épocas; Únicamente en Europa habita en la actualidad casi el triple de la población de hace un siglo. Pero el número de naturalezas rectoras ha disminuido en gran cantidad. Muy pocos individuos son conocidos entre la multitud por su trabajo productivo. La organización ha suplido en cierta medida a las naturalezas dirigentes, sobre todo en el campo de la técnica, pero asimismo en un grado notorio en el campo de la ciencia.

Muy delicada es la carencia de individualidades en el área del arte. La pintura y la música han degenerado y perdido gran parte de su influencia en el pueblo. En política no sólo no existen dirigentes sino que la independencia espiritual y el sentido de la justicia de los ciudadanos ha disminuido. La organización democrático-parlamentaria, que concibe una independencia, ha perdido terreno en muchos lugares; vemos instituirse las dictaduras, que se mantienen porque el sentimiento de la dignidad y de la justicia ya no está tan presente en la gente. En dos semanas somos capaces de cambiar la opinión de la mayoría y una vez arrastrada al odio y al paroxismo está dispuesta a vestirse de soldado para matar y dejarse matar en defensa de los perversos fines de cualquier ambicioso. El servicio militar obligatorio es para mí el síntoma más vergonzoso de la falta de dignidad personal que padece hoy la humanidad. A causa de ello no faltan profetas que auguran un ocaso cercano de nuestra cultura. No entro en el círculo de esos pesimistas. Creo en un futuro mejor. Pero deseo fundamentar esta esperanza.

Las señales actuales de decadencia se basan, según creo en que el desarrollo de la economía y de la técnica ha agudizado tanto la lucha del ser humano por la existencia, que su libre albedrío ha sufrido grave deterioro. Este desarrollo de la técnica exige cada vez menos trabajo humano par liberar a la comunidad de sus necesidades. Una distribución planificada del trabajo conducirá poco a poco a la solución de necesidades sectoriales, y le dotará de una seguridad material al individuo. Esta seguridad, así como el tiempo libre y las fuerzas sobrantes, pueden resultar benéficos para el desarrollo de la personalidad.

De esta manera, la comunidad volverá a sanar. Confiemos que los historiadores que vengan puedan interpretar las enfermedades sociales de hoy únicamente como males infantiles de una humanidad con ambiciones de superación, originadas únicamente por demasiada rapidez del proceso cultural.

Es una vieja pregunta: ¿cómo debe comportarse el ser humano si el Estado lo obliga a ciertas acciones, si la sociedad espera de él cierta actitud que su conciencia considera injusta?

La respuesta es sencilla: estás subordinado por completo a la sociedad en que vives. De esta forma debes someterte a sus leyes. No tienes responsabilidad por esas acciones, cumplidas bajo coacción imposible de resistir.

Es suficiente decirlo con tanta claridad para comprender cuánto choca una interpretación de este tipo con la conciencia de rectitud. La coacción exterior puede suavizar en cierto grado la responsabilidad del individuo, pero jamás lo disculpará del todo. Esta interpretación es la que ha prevalecido en los procesos de Nuremberg. Ahora bien, lo importante de nuestras instituciones, leyes y costumbres estriba en que salen de la recta conciencia de innumerables individuos. Y es que toda reforma moral resulta inútil si no es asumida por individuos vivos, movidos por el compromiso.

Por eso, la labor por despertar el sentido de responsabilidad moral en el individuo significa un importante servicio para la colectividad en conjunto.

En nuestra época grava sobre los representantes de las ciencias físicas y naturales, así como sobre los ingenieros, una responsabilidad moral especialmente grave: el desarrollo de los instrumentos militares de destrucción masiva cae dentro del campo de sus actividades. Por esto creo que la fundación de una *Society for Social Responsability in Science* responde a una auténtica necesidad. Tal asociación facilitaría, por medio del debate conjunto de los problemas, el que un individuo llegara, por el camino que escogiera, a pronunciarse de manera independiente. Después sería obligado establecer la ayuda mútua entre quienes hayan llegado a una situación límite por haber seguido los dictados de su conciencia.

Bueno y malo

En su inicio resulta correcto aseverar que debemos conceder nuestro mayor amor a quienes más hayan contribuido a la significación del individuo y de la vida de los individuos. Pero si nos preguntamos quiénes son estos hombres, hallaremos grandes problemas para contestar. En el caso de los políticos e incluso de los líderes religiosos, la mayoría de las veces no es seguro que hayan llevado a cabo mayor número de acciones buenas que malas. Por eso, la mejor forma de servir a los seres humanos estriba en darles ocupaciones dignas y, de tal manera, dignificarlos indirectamente. Eso es válido en primer lugar para los artistas, pero en segundo lugar asimismo para los investigadores.

En verdad que los resultados de la Ciencia ni significan a los seres humanos ni los enriquecen, pero sí lo realiza el trabajo intelectual, tanto productivo como receptivo, que es el valor por comprender.

De idéntica forma resultaría injusto de todas formas intentar apreciar el valor del Talmud por sus resultados particulares.

Religión y ciencia

Todo lo planeado y obrado por el ser humano sirve para romper las cadenas de sentimientos de necesidad y para calmar sus ansias. Se debe de tener en cuenta si deseamos comprender los movimientos espirituales y su desarrollo. Pues sentir y ansiar son el motor de todos los logros humanos, aunque esto suene a demasiado idealista. ¿Cuáles son los sentimientos y las necesidades que han llevado al ser humano al pensamiento religioso y a creer, en el sentido más extenso de la palabra? Si pensamos, caeremos en la cuenta de que en los orígenes del pensamiento y de la experiencia religiosos surgen sentimientos de muy diversa índole. En el hombre primitivo es el temor. Temor al hambre, a los animales salvajes, a la enfermedad, a la muerte. A causa de que a ese nivel de la existencia la comprensión de las conexiones causales son ser mínimas corrientemente, el ingenio humano se desdobla en seres más o menos parecidos, de cuyas acciones o obras dependen las acciones temidas. Entonces, se concibe el deseo de captar la simpatía de dichos seres teniendo lugar ceremonias y haciendo sacrificios que, según creencias transmitidas de generación en generación, han de aplacarlos. Me refiero a la religión del miedo.

Ésta no es creada, pero sí establecida en la mayor parte, por la creación de una casta de sacerdotes que se hace pasar por intermediaria entre el pueblo y los temidos seres, y se arroga después una hegemonía.

Frecuentemente el dirigente, el que gobierna o la clase privilegiada, cuyo dominio terrenal se apoya sobre otros factores, incorpora las funciones sacerdotales para su propia seguridad, o bien crea una comunidad de intereses con la casta sacerdotal.

Una segunda fuente de conformaciones religiosas estaba en los sentimientos sociales. El padre, la madre, los caudillos de las comunidades humanas son mortales y susceptibles de cometer errores. El anhelo de dirección, de amor y de apoyo moral trae consigo la creación de conceptos sociales, como por ejemplo la idea moral de Dios. Así es el Dios de la Providencia, que ampara, dispone, recompensa y castiga. Es el Dios que según el horizonte de los hombres impulsa la vida de la familia, de la humanidad, que consuela en momentos de desgracia y de nostalgia, que custodia las almas de los muertos. Estos son los atributos morales y sociales de Dios.

En las Sagradas Escrituras del pueblo judío se nota la evolución que lleva desde la Religión del Miedo hacia la Religión Moral. Su continuación tuvo lugar en el Nuevo Testamento. Las religiones de todos los pueblos civilizados, sobre todo los de Oriente, son en esencia religiones morales. Ha sido un avance fundamental en su existencia el paso de las religiones basadas en el temor a las de orden moral, pero al tenerlas en cuenta debemos salvar ese prejuicio que supone que toda religión primitiva está totalmente basada en el temor, y que toda religión de pueblo civilizado es totalmente de tipo moral. Todas son mixtas, aun cuando exista una proporción entre el mayor avance cultural de un pueblo y la ascendencia en él de la religión de tipo moral.

Lo que iguala a todas estas religiones es el carácter antropomórfico que confieren a Dios. Es un escalón de la experiencia religiosa que únicamente intentan superar ciertas sociedades y ciertos individuos especialmente dotados. En todas se halla un tercer grado de experiencia religiosa, aunque casi nunca se encuentre tampoco en estado puro. Se trata de la denominada Religiosidad Cósmica, difícil de entender pues de ella no se origina un concepto antropomórfico de Dios.

El individuo siente la pequeñez de los deseos y los objetivos humanas, del sublime y maravilloso orden que se manifiesta tanto en la Naturaleza, como en el mundo de las ideas. Ese orden conduce a sentir la existencia individual como una especie de prisión, y lleva al anhelo de experimentar la totalidad del ser como un todo razonante y unitario. La Religiosidad Cósmica la podemos hallar hasta en las primeras etapas del desarrollo religioso, por ejemplo en algunos salmos de David y en algunos profetas. El componente de Religiosidad Cósmica se encuentra mucho más acentuado en el Budismo, como nos lo han puesto de relieve los magníficos escritos de Schopenhauer. Los genios religiosos de todos los tiempos eran admirables gracias a esta religiosidad que no conocía dogmas ni Dios alguno concebido a la manera del ser humano. Y es por esto que no puede haber ninguna iglesia cuya enseñanza fundamental se base en la religiosidad cósmica, y también por eso encontraremos entre los herejes de todos los tiempos a hombres llenos de ella, considerados muy frecuentemente idealistas o hasta santos por sus contemporáneos. Hombres como Demócrito, Francisco de Asís y Spinoza están muy cerca unos de otros.

¿Cómo pueden comunicarse los seres humanos esta Religiosidad Cósmica si con ella no es posible crear ni una idea de Dios ni una teología? Yo creo que ésta es la función primordial del arte y de la ciencia: despertar y mantener vivo ese sentimiento en todos aquellos que se encuentren dispuestos a recibirlo.

De este modo llegamos a una concepción singular de las relaciones que enlazan la ciencia con la religión. Pues solemos pensar la premisa histórica de que ciencia y religión son dos entes irreconciliablemente antagónicos, y ello consecuencia de un motivo muy natural. Quien esté impregnado de la regularidad causal de todos los hechos considerará imposible el concepto de un ente que intervenga en los sucesos del Universo, ya que en la hipótesis de la causalidad no tienen cabida ni la Religión del Miedo ni la Religión Social, o sea Moral. Según ella, es impensable un Dios que recompensa y castiga, que presupone que el ser humano actúa según compulsiones externas e internas, de modo que no puede ser responsable ante Dios, como no lo es de sus movimientos un objeto carente de vida. Esta es la causa por la que se acusó a la Ciencia de corromper la Moral, una acusación muy injusta. Para que resulte eficaz el comportamiento ético de los seres humanos debe basarse en la compasión, la educación y en motivos sociales: no necesita de ninguna base religiosa. Sería muy deprimente por parte de la humanidad si únicamente se refrenara por miedo al castigo y por esperanza de un premio después de la muerte.

Resula lógico que desde siempre la Iglesia haya combatido la ciencia y haya perseguido a sus seguidores. Pero creo de otra parte que la Religiosidad Cósmica es el impulso más elevado de la investigación científica. Sólo el que pueda imaginar los esfuerzos extraordinarios que hacen falta para abrir nuevos caminos a la ciencia es capaz de apreciar la fuerza del sentimiento que surge de un trabajo ajeno a la vida práctica. ¡Qué fe más profunda en la racionalidad del universo construido, y qué deseo por comprender, aun cuando fuera sólo una mínima parte de la razón que revela este mundo, tenían que impulsar a Kepler y a Newton para que fueran capaces de descubrir el mecanismo de la mecánica celeste con la labor solitario de tantos años!

El que únicamente conozca la investigación científica por sus aplicaciones prácticas arribará sin esfuerzo a una idea falsa del estado de ánimo de los líderes intelectuales que han abierto el camino de la ciencia. Sólo aquél que haya consagrado su vida a objetivos similares tiene una imagen viviente de lo que ha inspirado y dado ánimo a estas figuras para que a pesar de muchísimos fracasos permanecieran fieles a su objetivo. Es la Religiosidad Cósmica la que confiere esa fuerza. Un contemporáneo ha dicho y no sin razón que en esta época tan extraordinariamente materialista son los investigadores científicos serios los únicos hombres auténticamente religiosos.

La religiosidad de la investigación

Resulta muy difícil que pueda hallarse un espíritu de investigación científica que no posea una religiosidad específica, propia. Pero ésta se diferencia de la del hombre cándido. Para éste, Dios es un ser en cuya solicitud se tiene esperanza, y temor de su castigo (sentimiento sublimado de la relación entre padre e hijo), un ser con el que se establece, en cierta medida, una relación personal.

Pero el investigador está influido por la causalidad de todos los hechos. El futuro no es ni menos importante ni está menos determinado que el pasado. Para él la moral no es una asignatura divina sino puramente humana. Su religiosidad se apoya en la perplejidad ante la armonía de las leyes que rigen la Naturaleza, en la que se manifiesta una lógica tal, que en contraposición con ella toda estructura del pensamiento humano se convierte en insignificante brillo. Este sentimiento se convierte en la razón principal de su vida, y puede elevarlo por encima de la servidumbre a los deseos egoístas.

No existe la menor duda de que este sentimiento está muy allegado al que llena los caracteres creadores y religiosos de todas las épocas.

Paraíso perdido

Todavía en el siglo XVII los científicos y artistas de toda Europa estaban tan sólidamente unidos por un lazo común idealista, que su trabajo en cooperación casi no se veía influido por los acontecimientos políticos. La utilización generalizada de la lengua latina fortalecía todavía más esta comunidad. En la actualidad contemplamos esta situación como un paraíso perdido. Las pasiones nacionales han aniquilado la comunidad de espíritus y el latín que antes unía a todos ya no se usa. Los científicos se han convertido en representantes de las tradiciones nacionales más radicales y han olvidado el sentido de la comunidad.

Estamos ante el desconcertante hecho de que los políticos, los hombres de la vida práctica, se han convertido en exponentes del pensamiento internacional. Son ellos quienes han creado la Sociedad de Naciones.

Necesidad de la cultura ética

Me veo en la necesidad de desear suerte y éxito a la Sociedad Para la Cultura Etica, en ocasión de su jubileo. Ciertamente, no es el momento adecuado de recordar con satisfacción lo logrado en el campo de la moral durante estos setenta y cinco años. Pues no puede decirse que el desarrollo moral del hombre sea más perfecto ahora que en 1876.

Entonces se pensaba que todo podía esperarse de la aclaración científica de los fenómenos, luchando contra los prejuicios y las supersticiones. Batalla decisiva que merecía la atención de los más idóneos. En tal sentido se ha logrado mucho en estos setenta y cinco años, en especial gracias a la difusión a través de la literatura y la escena.

Pero que desaparezcan las barreras no ha traido consigo que se haya ennoblecido la existencia social e individual. Junto a tal proceso negativo, la búsqueda de una estructuración ético-moral de la vida en común es de importancia trascendental. Aquí no nos puede salvar ninguna ciencia. Hasta pienso que la sobrevaloración de lo intelectual en nuestra educación, con vistas a la eficacia y la practicidad, ha perjudicado los valores morales. No pienso tanto en los peligros que ha traído el desarrollo técnico de la humanidad sino en la proliferación de un tipo de mútua falta de consideración, de una manera de pensar, que se ha interpuesto como una capa de hielo entre las relaciones de los unos con los otros.

El perfeccionamiento ético y moral es un objetivo más cercano a las tareas del arte que a las de la ciencia. También es fundamental la comprensión de los demás. Pero ésta sólo obtiene frutos si lleva consigo las simpatías y la comprensión.

Fascismo y ciencia

Carta al ministro Rocco, en Roma

Muy estimado colega:

Dos de los científicos italianos de mayor prestigio se han dirigido a mí rogándome que le escribiera para evitar una injusticia que amenaza a los hombres de ciencia de Italia. Se trata de un juramento de fidelidad al sistema fascista. El ruego consiste en que usted aconseje al señor Mussolini que no haga pasar por esta humillación a los representantes de la ciencia.

Por muy diferentes que sean nuestras opiniones políticas, estoy convencido de que por lo menos en un punto fundamental nos hallamos de acuerdo: ambos estamos convencidos de que el desarrollo espiritual europeo es uno de nuestros bienes más importantes. Este se basa en la libertad de opinión y de enseñanza, y en el axioma de que la búsqueda de la verdad se ha de anteponer a todas las demás.

Sólo sobre esta base pudo originarse en Grecia nuestra cultura, y volver a surgir en la Italia en el Renacimiento. Es un bien que se pagó con el martirio de grandes hombres y por ello todavía en la actualidad Italia es querida y venerada.

Lejos de mis intenciones se encuentra debatir con usted las intromisiones en la libertad por parte de personas que pueden justificarse con razones de Estado. Pero la búsqueda de la verdad científica surgida de los intereses prácticos de la vida cotidiana tendría que ser sagrada para el poder estatal, y es de gran interés para todos el que los servidores de la verdad no sean importunados. Con toda seguridad ello también incumbe al Estado italiano y a su prestigio ante las naciones.

De la libertad de enseñanza

A propósito del caso Gumbel

Numerosas son las cátedras, pero escasos los profesores sabios y honrados. Numerosas y grandes son las aulas pero pocos los jóvenes que ciertamente poseen sed de verdad y justícia. La Naturaleza revela muchas formas, pero escasamente da a luz lo hermoso.

¿Por qué lamentarse, si lo sabemos todos? ¿No ha sucedido siempre así, y continuará sucediendo?

Es así, y tenemos que aceptar lo que nos da la Naturaleza. Pero existe paralelamente un espíritu de los tiempos, propio del sentir de cada generación, que se transmite y que imprime a la sociedad su sello característico. Y a la mudanza de este espíritu temporal tiene que contribuir todo el mundo.

¡Comparad el espíritu de la juventud de esta Academia hace un siglo con el que existe hoy! Entonces se creía en un progreso de la sociedad humana, en un respeto por toda opinión honrada, en la tolerancia por la que vivieron y lucharon nuestros clásicos. Entonces existía la búsqueda de una unidad política más grande llamada Alemania. Entonces eran los jóvenes y los profesores académicos los que vivían llenos de estos ideales.

También ahora se pretende elaborar un progreso social, mayor tolerancia y libertad de pensamiento, una mayor unidad política llamada Europa. Pero ya no son ni la juventud académica, ni el profesorado los protagonistas de las esperanzas e ideales del pueblo. Con esto estará conforme todo aquel que contemple nuestra época imparcialmente.

Nos hemos reunido hoy para reflexionar sobre nosotros mismos. El motivo de esta reunión es el caso Gumbel. Este hombre llevado por su sentido de la justicia ha escrito con valentía y objetividad ejemplares sobre crímenes políticos despiadados, prestando con ello un gran servício a la sociedad. Estos días vemos cómo los estudiantes y parte del profesorado de su propia universidad lo critican, a la vez que pretenden expulsarlo del claustro.

La pasión política no puede ir tan lejos. Estoy convencido de que aquel que lea los libros de Gumbel con espíritu abierto tendrá una opinión semejante a la mía. Si queremos alcanzar una sociedad políticamente sana, necesitamos a hombres como éste.

¡Qué cada cual juzgue ateniéndose a su opinión personal, basada en sus propias lecturas, pero que no se fundamente en lo que dicen algunos!

Si así se actúa, tras un comienzo poco decoroso, el caso Gumbel podrá todavía producir algo bueno.

MÉTODOS MODERNOS DE INQUISICIÓN

La intelectual de este país tiene que enfrentarse con un problema muy grave. Por medio de la simulación de un peligro externo, los políticos reaccionarios han conseguido que el público desconfie de todas las actividades intelectuales. Escudándose en este éxito pueden ahogar la libertad de enseñanza y expulsar de sus puestos a todos aquellos que no sean serviles.

¿Cómo debe obrar la minoría de los intelectuales contra esta forma de proceder tan injusta?

Yo sólo veo positivo el camino revolucionario de negarse al trabajo en común, en el sentido de Gandhi.

Todo intelectual citado por un comité tendría que negarse a declarar, es decir, estar dispuesto a dejarse encarcelar y arruinar económicamente, en resumen, sacrificar sus intereses personales a los intereses culturales de su país.

Esta actitud pasiva no debería basarse en el conocido truco de la autoacusación, sino en que para un ciudadano íntegro es indigno colocarse en manos de una especie de Inquisición que además atenta contra el espíritu de la Constitución. Si se reunieran suficientes personas dispuestas a iniciar este camino tan duro, el éxito las acompañaría. Si este no es el caso, entonces los intelectuales de este país no se merecen nada mejor que la esclavitud que les estaba reservada.

Educación para una independencia en el pensar

No es bastante enseñar a los hombres una especialidad. Con ello se convierten en algo así como máquinas pensantes pero no en individuos válidos. Para ser un individuo válido el ser humano debe sentir con pasión aquello a lo que puede aspirar. Tiene que ser receptor de un sentimiento vivo de lo bello y de lo moralmente bueno. En caso contrario se parece más a un perro bien adiestrado que a un ser armónicamente desarrollado. Debe aprender a comprender las motivaciones, ilusiones y penas de la gente para adquirir una actitud recta respecto a los individuos y a la sociedad.

Estas cosas tan preciosas las consigue el contacto personal entre la generación joven y los que enseñan, y no (al menos en lo fundamental) los libros de texto. Esto es lo que representa la cultura ante todo. Esto es lo que tengo presente cuando recomiendo Humanidades y no un árido conocimiento de la ciencia.

Historia y de la Filosofia

Conceder validez excesiva y prematura al sistema competitivo y a la especialización en beneficio de la utilidad, aparta al espíritu de la vida cultural, y aniquila el germen del que depende la ciencia especializada.

Para que se desarrolle una educación válida es necesario que se ejerza el pensamiento crítico e independiente de los jóvenes, un perfeccionamiento puesto en peligro continuo por el exceso de materias (sistema puntual). Este exceso conduce necesariamente a la superficialidad y a la falta de cultura verdadera. La enseñanza debe ser tal que pueda recibirse como el más preciado regalo y no como un amargo deber.

Educación y educadores

¡Muy apreciada señorita!

He leído unas dieciséis páginas de su manuscrito y me he sonreído. Es muy sensata, bien mirado, de alguna forma independiente, y sin embargo típicamente femenino: pensado y escrito con animosidad. También a mí los profesores me trataron de modo semejante, tampoco me quisieron a causa de mi independencia, y también me evitaron cada vez que necesitaban a ayudantes (debo decir que como alumno fui algo más perezoso que usted). Pero no me tomé el trabajo de escribir mis experiencias de estudiante, ni mucho menos de sugerir a otros que las leyesen o imprimiesen. Quejándonos de gentes que procuran vivir según su criterio representamos siempre mal papel.

Guárdese su temperamento en el bolsillo, y este manuscrito para sus hijos, que leyéndolo se consolarán de lo que sus profesores opinen o afirmen de ellos.

Además, he venido a Princeton como investigador y no como educador. Se educa hasta la saciedad, sobre todo en los colegios norteamericanos. No existe mejor educación que el ejemplo, aunque sea el ejemplo de un monstruo.

A los colegiales japoneses

Si hoy os envío este saludo, colegiales japoneses, es que puedo hacerlo sabiendo el porqué. He visitado el hermoso Japón y he estado en sus ciudades y en sus casas, sus montañas y sus bosques, y a los niños japoneses que allí habitan y que estiman a su patria. Tengo siempre sobre mi mesa un libro muy grande y gordo lleno de dibujos en colores realizados por niños japoneses.

Cuando recibáis desde tan lejos mi saludo, pensad que antes de nuestros tiempos, en que los habitantes de diferentes países se entienden y simpatizan, los pueblos vivían ignorados y sin procurar entenderse. ¡Qué el entendimiento fraternal entre los pueblos pueda crecer cada vez más! Este viejo os saluda, colegiales japoneses de lejanos hogares y lugares, con este deseo: que vuestra generación haga abochornar a la mía.

Profesores y alumnos

Alocución a los niños

Es el auténtico arte del maestro despertar
la alegría por el trabajo y el conocimiento.

¡Queridos niños!

Me alegra ver en este día a la alegre juventud de una tierra bendita y soleada.

Pensad que las cosas maravillosas que podréis aprender en vuestras escuelas representan el trabajo de muchas generaciones, que en todos los países de la tierra las lograron con mucho afán y mucha fatiga. Las ponemos en vuestras manos como legado, para que las respetéis, desarrolléis, y por último las entreguéis a vuestros hijos. Así es cómo nosotros, los mortales, nos hacemos inmortales, transmitiendo el trabajo hecho por todos.

Si pensáis en esto, encontraréis sentido a la vida y a vuestros sudores, y podréis transmitir vuestras acertadas convicciones a otros pueblos y otras épocas.

Los cursos de la Academia de Davos

Senatores boni viri, senatus autem bestia. Así escribió un amigo mío, catedrático suizo, en su humorístico estilo, una facultad que lo había irritado. Las sociedades poseen sentido de responsabilidad y menos conciencia que el individuo. ¡Cuántos sufrimientos, guerras y opresiones trae consigo esto a la humanidad, y de cuánto espanto llena la Tierra!

Y sin embargo los resultados más valiosos sólo se obtienen mediante el trabajo conjunto e impersonal de todos. Y qué mejor alegría que emprender en equipo y con el propósito de dar lo mejor de sí un trabajo cuyo único objetivo es la vida y la cultura ajenas.

Por eso me produjo gran gozo oír hablar de los cursos de la Academia de Davos. En ella tiene lugar con inteligencia y amplitud de miras un trabajo de rescate cuya necesidad no puede ser comprendida por todos a primera vista. Pues muchos jóvenes van a ese valle maravillosamente soleado con la ilusión de recobrar la salud. Pero al poco tiempo una voluntad normalmente templada puede empezar a debilitarse, el resorte espiritual puede aflojarse, y perder así el sentido del valor de la lucha por la vida. Los jóvenes se transforman más o menos en plantas de invernadero, y aun después de haber curado corporalmente encuentran dificultades para regresar al camino de la normalidad. Esto ocurre muy a menudo a los estudiantes. Y la interrupción del ejercicio intelectual en los años decisivos del desarrollo deja como secuela un hueco que más tarde ya no puede llenarse.

Y sin embargo un trabajo intelectual moderado no es perjudicial para la salud. Antes bien la beneficia, como podría hacerlo un ejercicio físico moderado. Esta idea es el origen de la Academia, que no sólo encarna una formación profesional preparatoria sino que busca una forma de estimular la actividad. Es un sistema que contempla el trabajo, el perfeccionamiento intelectual y la higiene.

No olvidemos tampoco que, al organizar estos cursos, se contempla también un acrecentamiento de las relaciones entre personas de diferentes países, con lo cual se fortificará una Europa comunitaria. Los alcances en ese sentido están condicionados por las circunstancias políticas. Pero el trabajo en comunidad refuerza la comprensión internacional, sean cuales sean las circunstancias externas.

Por todo lo manifestado me complace que la energía y la cordura con que se instituyó la Academia de Davos hayan llevado a cabo su designio inicial, y que desaparezcan las dificultades con que tropezaron al fundarla. ¡Qué pueda prosperar y enriquecer interiormente a muchas personas valiosas librando a más de uno de la rigidez de los sanatorios!

Discurso ante la tumba de H.A. Lorentz

Me encuentro ante la tumba (1853-1928) de uno de los más importantes y eminentes científicos contemporáneos, en representación de los científicos de habla alemana, en especial de la Academia Prusiana de Ciencias, pero ante todo en mi calidad de fervoroso discípulo. Su genio brillante descubrió la senda que conducía desde las enseñanzas de Maxwell hasta la física actual, a la que contribuyó con su método y obras.

Moldeó su vida como una bellísima obra de arte hasta el más mínimo detalle. Allí donde trabajaba, su bondad e inequívoca grandeza de corazón, su sentido de lo justo unido a la visión intuitiva de los individuos y de las circunstancias configuraron de su personalidad la de un líder. Todos lo siguieron con optimismo, sabiendo que no deseaba dominar sino servir. Su trabajo y su ejemplo nos abrieron paso durante generaciones.

La actuación de H.A. Lorentz al servicio de la cooperación en el trabajo

Con el aumento de especialización de la investigación científica que trajo consigo el siglo XIX, es muy raro el caso de personalidades que, ocupando una posición sobresaliente en la ciencia, todavía encontraran fuerzas para dedicarse a importantes servicios a la sociedad en el campo de la organización internacional y en el de la política. Para ello no es suficiente con tener capacidad de trabajo e inteligencia sino que hay que estar libre de prejuicios nacionales. No he conocido a nadie que reuniera todas estas cualidades de manera tan grata como H.A. Lorentz. La pasmosa influencia de su personalidad se debe a lo que se infiere: por lo común a un carácter independiente y tenaz no le gusta inclinarse ante la voluntad ajena, y no se deja guiar por otros. Pero, al sentarse Lorentz en la presidencia, se creaba una atmósfera de compañerismo muy ajena a la variedad de objetivos y de opiniones allí presentes. El secreto de este éxito se debe no sólo a su rápida comprensión de los seres humanos y de las cosas y a su dominio de las lenguas, sino que reside sobre todo en el hecho de que todos sentían que se hallaba totalmente entregado al tema del que se debatía.

A partir de la guerra Lorentz limitó su actuación en lo que se refería a la presidencia de congresos internacionales de física. Entre éstos hay que nombrar los dos de Solvay, reunidos en los años 1909 y 1911 en Bruselas. Después vino la guerra europea, que para todos los que trabajaban en favor de un avance de las relaciones humanas significó una dura prueba. A lo largo de la guerra, Lorentz ofreció sus servicios a la Organización Internacional para la Reconciliación. Sus esfuerzos se dirigieron sobre todo en el restablecimiento de las organizaciones científicas. La dificultad de esta tarea es casi imposible de darse una idea para quienes no hayan acudido a dichas organizaciones. El odio acumulado durante la guerra continúa perdurando al finalizar ésta, y mucha gente influyente continúa en su actitud intransigente. El trabajo de H.A. Lorentz fue el del médico que debe curar a un enfermo que rechaza el remedio que lo curará.

Pero no se dejaba acobardar cuando se sabía en un camino justo. Apenas terminada la guerra se entregó a la tarea de la dirección del *Conseil de la Recherche* creado por científicos de los países vencedores con exclusión de los científicos y de las organizaciones de las «potencias centrales». Intentaba influir en esta organización para que se ampliara, convirtiéndose así en una insitución autenticamente internacional. El y otros científicos bien intencionados consiguieron, tras repetidos esfuerzos, que el lamentable célebre apartado de exclusión fuera suprimido de los estatutos del *Conseil.* Con lo cual no se llegó a la normalización total del trabajo científico internacional, pues tras casi diez años de ausencia de las reuniones, los científicos de las «potencias centrales» se acostumbraron a mantener una postura de oposición. Existe sin embargo la esperanza de que a través de la actitud desinteresada de Lorentz se llegue a una reconciliación total.

H.A. Lorentz prestó además sus servicios en la Comisión para la Cooperación Internacional en el Trabajo Intelectual, creada hacía unos cinco años bajo la égida de Bergson. Desde hacía un año, H.A. Lorentz era vocal de esta Comisión, que facilitaría el desarrollo del trabajo intelectual y artístico de los diferentes círculos culturales con el respaldo del Instituto de París. La fuerza de su personalidad guiaría también a esta Comisión por el buen camino. Su lema jamás expresado pero siempre seguido fue: «No dominar, servir».

¡Qué su ejemplo pueda ser imitado, para que tal espíritu se extienda!

H.A. Lorentz como creador y como personalidad

Hacia fines de siglo, H.A. Lorentz era considerado el máximo exponente de los físicos teóricos de todas las naciones, y con todo merecimiento. Los físicos de las generaciones más jóvenes no perciben el papel esencial que desempeñó en la formación de las ideas fundamentales de la física moderna. En la actualidad nos encontramos ya tan familiarizados con ellas que resulta difícil reconocer su papel innovador, así como la simplificación que supo aportar a las teorías elementales.

Cuando H.A. Lorentz inició sus investigaciones, ya se había comprobado la teoría de Maxwell sobre electromagnetismo. Pero iba acompañada de una extraña explicación de sus fundamentos, que impedía elucubrar con claridad las causas fundamentales. El concepto de campo había eliminado la noción de efectos distantes, pero los campos eléctrico y magnético todavía no eran concebidos como entidades originarias, sino como estados de la materia mesurable utilizada como si fuera continua. En consecuencia, el campo eléctrico se encontraba separado del vector de fuerza eléctrica y del vector de traslación dieléctrica. Estos dos campos estaban, en el caso más sencillo, relacionados a través de la constante dieléctrica, pero inicialmente eran tenidos como entes independientes. Igual ocurría con el campo magnético. Tal concepción fue la responsable de que se manejara el espacio vacío como un caso particular de la materia mesurable, en el que la relación entre intensidad de campo y traslación era singularmente sencilla. Pero, por encima de todo, esta interpretación trajo consigo que el campo eléctrico y el magnético pudieran ser concebidos con independencia del estado de movimiento de la materia que actuaba como transmisora del campo.

Podemos formarnos una clara idea de la interpretación mayoritaria de la electrodinámica de Maxwell analizando el estudio de la electrodinámica de cuerpos en movimiento realizado por Heinrich Herz.

Aquí comienza el trabajo original de H.A. Lorentz, quién basó la investigación en las siguientes hipótesis:

Situar el campo electromagnético en el espacio vacío. En éste sólo existen un vector de campo eléctrico y uno magnético. Este campo se crea por cargas eléctricas atómicas sobre las que actúa a su vez el campo. El campo electromagnético y la materia mesurable sólo se pueden relacionar si las cargas eléctricas elementales y los átomos de la materia son intensamente dependientes entre sí. Para los átomos continua válida la ley del movimiento de Newton.

Sobre esta base, Lorentz formuló una teoría completa de todos los fenómenos electromagnéticos que se conocían en aquella época. Es una obra que alcanzó una claridad, un atractivo y una estructuración lógica pocas veces conseguida en una ciencia que se basa en la experiencia. El único fenómeno que no se pudo explicar sin ayuda de suposiciones fue el famoso experimento de Michelson-Morley. No se podría pensar que este experimento hubiera sido explicado por la teoría de la relatividad espacial sin haber situado el campo electromagnético en el espacio vacío. El paso definitivo consistió en analizar las ecuaciones de Maxwell en el espacio vacío, o, tal como se mencionaba antaño, en el éter.

H.A. Lorentz descubrió incluso la llamada «Transformación de Lorentz», desde luego sin pensar en sus propiedades de grupo. Para él las ecuaciones de Maxwell sólo eran válidas en un sistema determinado de coordenadas, que, debido a su inmovilidad frente a los demás sistemas de coordenadas, parecía el mejor. Ciertamente se trata de un hecho paradójico, pues la teoría parecía limitar el sistema inercial todavía más que la mecánica clásica. Esta característica, que desde el campo empírico parecía totalmente infundada, tenía que llevar a la teoría de la relatividad restringida.

Por gentileza de la Universidad de Leiden, yo viajaba a menudo a dicha ciudad, donde acostumbraba dormir en casa de mi verdadero amigo Paul Ehrenfest. Esto me permitió escuchar muchas de las conferencias que H.A. Lorentz, una vez jubilado, ofrecía con regularidad para un reducido grupo de jóvenes físicos. Todo lo que decía este genio extraordinario era tan meridiano como una magnífica obra de arte. Se tenía la impresión de que todo surgía con facilidad y sin casi ningún esfuerzo.

Si nosotros, de jóvenes, unicamente hubiéramos conocido a H.A. Lorentz por su capacidad intelectual, nuestro respeto y admiración habrían sido ya mucho más grandes de lo normal. Pero con esto no expreso todo lo que siento cuando pienso en él. Como persona significaba mucho más que todas las demás que conocí.

Dominaba la Física y las Matemáticas tal como se dominaba a sí mismo, sin trabajo alguno. Su nada común carencia de debilidades humanas jamás abrumó a los demás. Todos experimentaban su superioridad, pero nadie se sentía humillado por ella. Pues pese a comprender a las claras el comportamiento humano, poseía una indulgencia amistosa hacia todo. Jamás actuaba de forma dominante, se encontraba siempre dispuesto a ayudar. Le hallaba convencido de que nuestra comprensión no podía profundizar en la entidad de las cosas. Sólo pude apreciar más tarde esta concepción entre escéptica y humilde.

El lenguaje (o al menos el mío) no puede hacer justícia al tema en este breve artículo. Por eso me gustaría citar dos expresiones de Lorentz que me impresionaron especialmente:

-Me hace feliz el hecho de pertenecer a un país demasiado pequeño para cometer locuras.

A alguien que durante la primera guerra mundial quería convencerlo de que el destino está determinado por el poder y por la fuerza contestó:

-Quizás tenga razón, pero no deseo vivir en un mundo con esas características.

Josef Popper-Lynkeus

Fue más que un inteligente ingeniero y escritor: perteneció al pequeño número de personalidades en las que se concreta la conciencia de una generación. Nos ha enseñado que la sociedad es responsable del destino de un individuo y nos ha señalado el camino a seguir para realizar este objetivo. El Estado no era para él un ídolo. Basaba el derecho del Estado a exigir sacrificios de un individuo sólo en el deber que la sociedad tiene de posibilitar a la personalidad individual un desarrollo armónico.

En los setenta años de Arnold Berliner

Quiero explicar, tanto a mi amigo Arnold Berliner como a los lectores de su revista Las Ciencias de la Naturaleza, por qué valoro tanto su obra. Y sólo puedo realizarlo en esta fecha porque nuestra educación en lo objetivo ha hecho de todo lo personal un tema tabú, sólo revelarse en ocasiones fuera de lo cotidiano, como ésta.

¡Tras esta embestida a favor de una liberación, tornemos a lo objetivo! El círculo de los fenómenos de la realidad abarcados por la Ciencia ha aumentado considerablemente y la comprensión se ha hecho más profunda en todos sus campos. Pero en cambio la capacidad humana continúa estrechamente limitada. Ello conduce a que la actividad del científico, solitaria, deba dirigirse a un sector cada vez menor del conocimiento total. E incluso es cada vez más difícil que la comprensión de la totalidad de la Ciencia pueda ir a la par con el desarrollo. Se está llegando a una situación semejante a la que simbólicamente describe la Biblia en la historia de la Torre de Babel. Todo investigador serio conoce esta limitación involuntaria, que amenaza con robarle la visión perspectiva y con rebajarle al estado de mero peón.

Todos hemos sufrido esta condena, y nada hicimos para evitarla. Pero Arnold Berliner ha logrado un sistema ejemplar para el área de habla alemana. Comprendiendo que las revistas de popularización ya existentes bastaban para difundir conocimiento entre los profanos, se dio cuenta también que era necesaria una revista dirigida con mucho mimo al investigador ávido de orientarse en cuanto al desarrollo de los problemas, métodos y resultados científicos para formularse un juicio propio. A lo largo de muchos años ha continuado este objetivo con gran inteligencia y dedicación, prestando de esta manera un servicio tanto a la Ciencia como a nosotros, y de ello le estamos muy agradecidos.

Su empeño ha sido conseguir la colaboración de los autores científicos más sobresalientes, y persuadirlos de que expusieran sus temas en un lenguaje asequible a quienes no son profanos. Frecuentemente ha relatado sus odiseas para conseguirlo. Una vez me las expresó preguntando: «Qué es un autor científico?». Respuesta: «Un cruce de mimosa y puerco espín». La lucha de Berliner por conseguir claridad y amplitud en los textos ha ayudado en gran medida a que los problemas, métodos y resultados de la Ciencia fueran conocidos por un gran número de personas. Reconocer su trabajo para que continúe es tan trascendental como resolver un problema individual.

Saludo a George Bernard Shaw

Resulta difícil es encontrar a un hombre que se muestre tan independiente y que, dándose cuenta de las debilidades y simplezas de sus contemporáneos, permanezca libre de ellas. Pues, cuando esos seres solitarios descubren el empecinamiento de los seres humanos, acostumbran a perder el valor que es necesario para esforzarse por la regeneración de la humanidad. Y muy pocos son los que pueden fascinar a su generación por medio de un refinado humor y de la gracia, que comunican a través del camino impersonal del espejo. Saludo hoy con lamás cordial simpatía al mayor maestro de este arte, que a todos nos ha alegrado e inquietado.

Bertrand Russell y el pensamiento filosófico

Cuando la revista me pidió que escribiera algo sobre Bertrand Russell, la admiración y el respeto que siento por este autor me hicieron aceptar de inmediato. Las lecturas de sus obras me han hecho pasar muchos ratos felices, lo cual no puedo confesar de ningún autor científico contemporáneo, salvo Thorstein Veblen. Pero pronto caí en la cuenta de que era más fácil comprometerme con la tarea que llevarla a cabo. Había prometido escribir algo sobre Russell como filósofo y teórico del conocimiento. Apenas empecé, descubrí lo resbaladizo del terreno en que me movía, terreno en el que además actuaba como un advenedizo, ya que hasta ahora me había dedicado sólo a la física. Los iniciados hallarán un poco ingenuo lo que pueda aportar. Me consuelo a pesar de todo con la idea de que alguien con experiencia en algún campo de la Ciencia está más capacitado que quienes no desarrollan ninguna actividad intelectual.

En el desarrollo del pensamiento filosófico a lo largo de los siglos ha desempeñado un papel trascendental la siguiente pregunta. ¿Qué conocimiento puede lograr el pensamiento, independientemente de las impresiones de los sentidos? ¿Existen esos conocimientos? Si no existen¿qué relación hay entre nuestro conocimiento y el material obtenido por nuestras impresiones de los sentidos? De esta preguntas y de otras estrechamente vinculadas con ellas se desprende un inmenso caos de opiniones filosóficas. Dentro de este proceso evolutivo relativamente estéril existe, pese a todo, un camino sistemático que trata de poner en duda, cada vez más, los intentos de descubrir algo respecto al «mundo objetivo» mediante el razonamiento puro. El «mundo objetivo» es el mundo de las cosas en oposición al mundo de las «suposiciones e ideas». Dicho sea de paso, aquí hemos hecho uso de las comillas como si se tratara de citas de un auténtico filósofo, sólo para introducir un concepto ilegítimo que el lector debe asumir por el momento.

La creencia en la posibilidad de encontrar la sabiduría mediante el pensamiento puro estaba muy extendida en los inicios de la Filosofia. Es una ilusión posible para todo aquel que por un instante se olvide de lo que le han enseñado la Filosofia y las Ciencias de la Naturaleza posteriores, y no debe sorprender el que Platón se suscribiera a la «Idea» como a una especie de realidad superior a la realidad de los fenómenos empíricamente experimentables.

Tal conocimiento parece haber desempeñado todavía un papel importante en Spinoza y hasta en Hegel. Alguien podría preguntarse si no resulta imposible conseguir algo en el campo del pensamiento filosófico sin tener una ilusión anterior. Pero nosotros no vamos a plantear esta cuestión.

Esta última ilusión, más aristocrática, de la capacidad ilimitada del pensamiento, se enfrenta con la ilusión más plebeya del realismo ingenuo, según la cual las cosas «son» tal como las perciben nuestros sentidos. Esta ilusión domina la vida cotidiana de los animales y de los seres humanos.

Es también el punto de partida de las Ciencias de la Naturaleza.

La superación de estas dos ilusiones no es independiente de ellas. La superación del realismo ingenuo ha sido relativamente fácil. Russell ha expuesto este proceso en la introducción de su libro *An Inquiry into Meaning and Truth* de la siguiente forma:

«Todos empezamos en el "realismo ingenuo", esto es, en la doctrina de que las cosas son lo que parecen. Suponemos que la hierba es verde, el hielo frío y las piedras duras. Pero el físico nos asegura que el verde de la hierba, el frío del hielo y la dureza de las piedras no son el verde, el frío y la dureza que conocemos a través de nuestra experiencia, sino algo totalmente diferente. El observador que cree estar observando una piedra está en realidad observando las acciones de la piedra sobre sí misma, si creemos lo que dicen los físicos. Por esto la Ciencia parece contradictoria: pues se considera a sí misma como muy objetiva pero cae bajo la influencia de la subjetividad en contra de su voluntad. El realismo ingenuo conduce a la Física, y ésta demuestra que tal realismo ingenuo es falso mientras sea consecuente consigo mismo. Lógicamente falso, por tanto falso».

Aparte de su extraordinario planteamiento, estas líneas nos enseñan algo en lo que nunca había caído en la cuenta. El pensamiento de Berkeley y Hume parece estar en conflicto con el pensamiento de las Ciencias de la Naturaleza. Pero la observación de Russell descubre un punto en común: Berkeley se basa en que a través de los sentidos no comprendemos directamente las «cosas» del mundo exterior, sino que sólo percibimos hechos casualmente relacionados con apariencia de «cosas». Reflexión que extrae su fuerza de persuasión de la confianza en el pensamiento físico. De tal manera no hay necesidad de introducir algo entre el objeto y el acto sensorial de percepción que los separe y que vuelva problemática la «existencia del objeto».

Este mismo pensamiento físico, unido a sus éxitos prácticos, fue también lo que ha hecho desaparecer la confianza en la posibilidad de comprender las cosas y sus relaciones mediante el pensamiento especulativo. Paulatinamente fue imponiéndose el convencimiento de que todo conocimiento de las cosas tenía que proceder de una asimilación del material proporcionado por los sentidos. En esta formulación general es válida la ley anterior. Pero este convencimiento no se debe a que alguien haya demostrado ya la imposibilidad de alcanzar una comprensión de lo real siguiendo el camino puramente empírico, sino a que la fuente del conocimiento ha sido siempre ese camino. Galileo y Hume fueron los primeros en defender con claridad y determinación esta ley fundamental.

El anhelo del ser humano exige un conocimiento seguro. Por ello, el trabajo de Hume pareció desmoralizador: los sentidos, única fuente de nuestro conocimiento, nos pueden llevar por medio de la costumbre a creencias y esperanzas, pero no al conocimiento, ni siquiera a la comprensión de relaciones reguladas. En este punto introdujo Kant su idea, insostenible a causa de la forma expresada por él, pero que sin duda era un paso adelante en la solución del dilema de Hume: el origen empírico de un conocimiento nunca es seguro. Por consiguiente, si tenemos conocimientos seguros, ellos han de estar fundados en la razón. Tal es lo que se piensa respecto a las leyes de la Geometría y al Principio de Causalidad. Estos y otros conocimientos determinados son, por decirlo así, parte del instrumental del pensamiento, por tanto no se han conseguido a través de los sentidos (esto es, son conocimientos a priori). En la actualidad todo el mundo sabe que los conocimientos mencionados no tienen nada de seguros, como manifestaba Kant, sino que responden a una necesidad interior. Una vez llegados aquí, creo que la comprobación de que estamos bastante «justificados» al concebir esos conceptos es cierta. Ningún camino lleva a los conceptos desde la experiencia sensorial, si miramos desde el punto de vista lógico.

En mi opinión, el argumento puede llevarse más lejos: los conceptos que aparecen en nuestro pensamiento y en nuestro lenguaje (desde un punto de vista lógico) son creaciones libres del pensamiento, y por tanto no se pueden obtener inductivamente de los sentidos. Ello no está tan claro como parece debido a que estamos acostumbrados a relacionar ciertos conceptos con determinadas experiencias sensoriales situadas en el mundo de los conceptos.

Por ejemplo, los números son con toda certeza una invención del pensamiento humano que facilita la ordenación de algunas experiencias sensoriales. Pero no existe ningún método para obtener este concepto de número, porque pertenece al pensamiento precientífico, en el que todavía puede reconocerse con facilidad el carácter constructivo. A medida que consideremos conceptos más primitivos de la vida cotidiana, las costumbres enraizadas nos dificultarán cada vez más el reconocimiento de los conceptos como creaciones independientes del pensamiento. Por lo tanto, de lo anterior se podría formular una teoría que considerase que los conceptos surgen de la experiencia por «abstracción», es decir, suprimiendo una parte de su contenido. Voy a intentar explicar lo nefasta que resulta esta interpretación.

Si alguien adopta la opinión de Hume, llega a creer con facilidad que hay que evitar todos los conceptos y expresiones que no deriven de los sentidos. Pues lo que da contenido al pensamiento es precisamente la relación que se pueda establecer con la actividad sensorial. Esto último sí lo considero cierto, pero no los requisitos a los que ha de ceñirse el pensamiento. Pues esta pretensión (llevada a sus últimas consecuencias) dejaría fuera a todo el pensamiento «metafísico».

Quede claro pues qué es lo que quiero dar a entender cuando digo que, a través de su clara crítica, Hume no sólo no ha favorecido a una parte de la filosofia, sino que sin desearlo la ha colocado en peligro, provocando la aparición de un «miedo a la metafísica» que se ha convertido en una enfermedad de la filosofia empírica actual; esta enfermedad es el polo opuesto del antiguo filosofar, en que se creía posible suprimir todo lo que guardaba relación directa con la percepción de los sentidos.

Pese al maravilloso análisis que Russell nos ofrece en su libro *Meaning and Truth*, creo que también en este caso el fantasma del temor a la metafísica es responsable de algunos defectos. Por ejemplo, creo que es ese temor el que ha motivado el que «cosa» se interprete como «conjunto de cualidades» en el que éstas son aquello que se percibe a través de los sentidos. Esto implica que dos cosas sólo pueden ser la misma si concuerdan en todas sus cualidades. Con lo cual habría que incluir entre las cualidades las relaciones geométricas de las cosas (bajo condición, si no, de considerar, siguiendo a Russell, a la torre Eiffel y a la de Nueva York como la misma cosa).

Así pues, no veo ningún peligro «metafísico» en el hecho de considerar a la cosa (objeto, en el sentido de la física) como un concepto independiente dentro del sistema, conectado con la correspondiente estructura tiempo espacio.

El análisis de la obra intelectual de Russell me ha producido la alegría de que, a pesar de todo, en el último capítulo, diga que no se puede prescindir de la «metafísica». A esto puedo objetar únicamente la idea intelectual que se lee entre líneas.

El entrevistador

Si, por una parte, resulta molesto que se obligue públicamente a alguien que se haga responsable de todo lo que ha dicho, sea en broma, sea en un momento de cólera o de excitación, por otro, también resulta hasta cierto punto razonable y natural. Pero si a ese alguien se le exige que justifique palabras puestas en su boca sin posibilidad de precaución, pasa a ser digno de lástima: «¿Quién sería tan perverso como para hacerlo?», preguntarás. Lo sabe quien tenga la suficiente popularidad para ser entrevistado por un reportero. Sonreirás con incredulidad, pero yo lo he experimentado y te lo explicaré.

Imagina que una mañana viene a verte un reportero y te solicita amistosamente que le cuentes algo acerca de tu amigo N. En un primer momento te mostrarás en cólera. Pronto caerás en la cuenta de que no tienes escapatoria. Si te niegas, escribirá: «Interrogué sobre N. a uno de sus amigos, pero no quiso prudentemente responder». El lector extraerá consecuencias inevitables. No hay escapatoria pues, y contestarás:

El señor N. es una persona decente y querida por todos sus amigos. A todo sabe encontrarle el lado bueno. Es emprendedor, muy trabajador, y dedica todas sus facultades a su profesión. Ama a su familia, pone todo lo que posee a disposición de su mujer...

Versión del reportero: el señor N. no se toma nada en serio, pero tiene el don de hacerse querer por la gente, sobre todo porque se afana por mostrarse afable y adulador. Es esclavo de sus tareas hasta el punto de que nunca reflexiona sobre las circunstancias o las materias ajenas a la suya. Es tan ilimitadamente atento con su mujer, que satisface todos sus caprichos...

Un auténtico reportero le pondría más salsa picante, pero para ti y para tu amigo N. con esto será más que suficiente. La persona en cuestión se encontrará al otro día con el diario, y su furia contra ti no tendrá freno, por más sereno y benévolo que sea. Desaire refinado que te duele de modo más indecible cuanta mayor sea la verdadera estima que le tengas.

¿Qué harías en ese caso, querido amigo? Cuando hayas descubierto un sistema, corre a informarme, así podré copiártelo de inmediato.

Felicitación a un crítico

Ver con los propios ojos, sentir y juzgar sin dejarse influir por la moda de turno, poder decir lo visto y lo sentido en una lacónica frase o en una sola palabra amasada con arte, ¿no es un milagro? ¿No es bastante motivo para felicitarlo?

Mis primeras impresiones de Norteamérica

Tengo que dar cumplimiento a mi promesa de escribir algo acerca de mis primeras impresiones sobre este país. No me resulta nada fácil. Pues ¿cómo situarme en un punto de vista objetivo si he venido a Estados Unidos con tanto cariño y tanto respeto?

Para comenzar, unas palabras sobre lo que sigue:

El culto de la personalidad siempre me ha parecido una iniquidad. Es cierto, la Naturaleza reparte sus dones con mucha diversidad entre sus hijos. Pero por suerte exiten muchos bien dotados, y estoy seguro de que la mayor parte de ellos lleva una vida tranquila y retirada. No me parece justo, ni siquiera de buen talante, que de todos ellos sólo unos pocos sean excesivamente admirados, y que se les atribuyan fuerzas espirituales y facultades sobrehumanas. Tal ha sido en efecto mi destino, y hay un contraste grotesco entre la capacidad y el rendimiento que se me atribuyen y lo que en realidad soy. La conciencia de tan extravagantes opiniones sería insoportable si no fuera que ellas mismas me dan un hermoso consuelo: regocija el que en una época tan acabadamente materialista se conviertan en héroes a hombres cuyos únicos objetivos están en lo intelectual y en lo moral. Eso es prueba que para una gran mayoría las nociones de Conocimiento y de Justicia prevalecen sobre las de Poder y Posesión. Según mis experiencias, es reveladoramente elevada la proporción de gente que vive en Estados Unidos según este enfoque idealista, a la vez que otra proporción equivalente se gobierne por miras tan sólo materialistas. Después de esta introducción vuelvo a mi tema del comienzo, con la esperanza de que mis opiniones no reciban mayor atención de la que merecen.

Lo primero que llena de asombro al visitante es la superioridad en el terreno de la técnica y la organización. Lo previsto para el uso cotidiano es más sólido y resistente que en Europa, las casas son de una funcionalidad increíble. Todo está planeado para ahorrar mano de obra. Esta es cara, ya que el país está poco poblado en relación a sus riquezas naturales, y este costo estimula hasta grados extraordinarios el desarrollo de la técnica y de los sistemas de producción. Se piensa en los casos tan opuestos de China y la India, donde el precio mínimo de la mano de obra impide el desarrollo de máquinas auxiliares. Europa se sitúa entre los dos.

Cuando la maquinaria está bastante desarrollada llega a ser menos costosa que la ya barata mano de obra. Podrían pensárselo los fascistas de Europa, que fomentan el aumento de la población basándose en los sentimientos patrióticos de la gente. Todo aquello contrasta con el celo de los que Estados Unidos para oponerse a toda importación de mercancías. La vigencia de la Ley de Prohibición cuando llega la hora de pasar sus aduanas... Pero en verdad, no se le pide al visitante inofensivo que se rompa demasiado la cabeza, y a fin de cuentas no es muy probable que las preguntas reciban respuestas plausibles.

Llama también la atención del visitante una actitud optimista, positiva ante la vida. La sonrisa de las gentes en las fotografías simboliza una de las primacías americanas. El norteamericano es amistoso, simpático, optimista y... nada envidioso. El europeo siente la comunicación con él candorosa, agradable.

El europeo es por el contrario más crítico, más reflexivo, menos bondadoso, menos dispuesto a ayudar, más exigente en sus diversiones y en sus lecturas; mucho más, o mucho menos, pesimista.

La comodidad de la vida, el confort, poseen un gran papel aquí. Pero a la vez se ha sacrificado la paz, la despreocupación, la seguridad. El norteamericano vive una meta, un futuro. La vida para él es un será, no un es. En este sentido se parece más a los rusos, a los asiáticos, que a los europeos.

Se parece aún más a un asiático en otro aspecto: es mucho menos individualista que el europeo, desde el punto de vista psicológico, no económico.

El «nosotros» es aquí más fuerte que el «yo». De ello se infiere que las costumbres y las convenciones sean tan poderosas, y que la concepción de la vida de los individuos, así como sus ideas morales y sus gustos, sean mucho más uniformes que en Europa. Esta circunstancia permite en gran parte la superioridad económica de Norteamérica sobre Europa. Pues facilita la cooperación y el reparto del trabajo, sea en fábricas, en universidades o en instituciones benéficas privadas. Este enfoque de lo social tiene que agradecer en parte a la herencia inglesa.

Todo lo cual parece estar en contradicción con el hecho de que la esfera de influencia del Estado es relativamente menor en proporción a lo que es en Europa. El europeo queda perplejo de que el teléfono, el telégrafo, los ferrocarriles y la enseñanza estén en manos de empresas privadas. Esto es posible aquí gracias a una destacada mayor sociabilidad del individuo. Lo cual conlleva el que no exista en la distribución del trabajo una desproporción que llegue a lo insoportable: el sentimiento de responsabilidad social está mucho más desarrollado que en los propietarios europeos. El norteamericano considera natural poner gran parte de sus posesiones y de su esfuerzo laboral al servicio de la comunidad. La opinión pública (¡muy poderosa!) se lo exige imperativamente. Así se da el hecho de que las funciones culturales puedan dejarse en manos de la iniciativa privada, mientras son limitadas las funciones que retiene el Estado.

La influencia de la autoridad del Estado ha disminuido todavía más después de la Ley de Prohibición. No hay nada más grave para el prestigio del Estado y de las Leyes, que promulgar legislaciones que no se esté en condiciones de hacer cumplir. Y no es un misterio el que el aumento de la delincuencia en este país está íntimamente relacionado con ello.

Por otra parte, pienso también que la prohibición es una debilidad del Estado. Una tasca es normalmente el sitio en el que la gente manifiesta sus pensamientos y sus juicios, e intercambia sus descubrimientos más interesantes. Pero, en contra de las tascas, se despacha en este país la prensa controlada por grupos de intereses, ejerciendo una influencia excesiva sobre la población, que no posee opiniones propias.

La sobrevaloración del dinero es todavía mayor que en Europa, pero creo que disminuye. Poco a poco la gente va cayendo en la cuenta de que no hace falta poseer mucho para vivir feliz.

En cuanto a la tarea artística, tengo la certeza de verla insertada en la vida cotidiana a través de los edificios modernos, pero paralelamente tengo la impresión de que ni la pintura ni la música están tan vivas en el alma de la gente como lo están en Europa.

Siento una gran admiración por los resultados de la investigación norteamericana. Injustamente se atribuye esa superioridad creciente a su mayor riqueza, cuando es una superioridad que se basa sobre todo en la paciencia, la entrega, el espíritu de compañerismo y la inclinación natural por el trabajo en equipo. Y una última observación: Quiero dejar constancia de que Estados Unidos es el país técnicamente más adelantado de la Tierra. Pero América es grande, y sus habitantes no se interesan, al menos hasta hoy, por los problemas internacionales, en cuya cumbre está el Desarme. Esto deberá cambiar, en interés de los mismos americanos. La última guerra ha puesto en claro que ya no hay una separación entre los continentes, sino que el futuro de todas las naciones está íntimamente ligado. Deberá desarrollarse en este país la convicción de que su responsabilidad en materia de política internacional es muy grande. El papel de observador no comprometido no es lo que este país se merece, tampoco es su destino a largo plazo.

Respuesta a las mujeres norteamericanas

Una asociación de mujeres norteamericanas se creyó en la obligación de protestar contra la presencia de Einstein en su país. La respuesta fue como sigue:

Nunca había recibido por parte del bello sexo un desaire tan violento contra una tentativa de aproximación y si alguna vez me pudo suceder, nunca fue de tantas juntas.

¿Y no tendrán razón, estas ciudadanas? ¿Cómo es posible dejar que llegue un hombre, que con el mismo apetito y gusto con que el Minotauro de Creta se alimentaba de sabrosas doncellas griegas y ahora se alimenta de capitalistas, y que además es tan cobarde que declina cualquier batalla, a excepción de la inevitable guerra con su propia mujer? ¡Escuchad a nuestras mujercitas patrióticas, pensad que hasta el Capitolio de la poderosa Roma se salvó una vez gracias al parloteo de sus fieles ocas!

Segunda parte:
Política y pacifismo

Paz

Consolidar la paz internacional fue una meta de los hombres ciertamente importantes de todas las generaciones. Pero el desarrollo de la técnica transforma este postulado ético en un problema existencial para la humanidad civilizada de hoy. La participación activa a fin de solucionar el problema de la paz es una responsabilidad moral que ningún hombre consciente puede dejar de lado.

Hay que tener presente que los poderosos grupos industriales que poseen sus intereses puestos en la producción de armamento, tratan de intervenir en todos los países poniendo en tela de juicio las reglamentaciones internacionales, y que los gobiernos únicamente conseguirán alcanzar la paz si tienen la seguridad de su respaldo incondicional por parte de la mayoría de su población Ya que vivimos en un régimen democrático y nuestro destino y el de nuestro pueblo dependen enteramente de nosotros.

La voluntad colectiva tiene que impregnarse de esta íntima convicción personal.

Para la abolición del peligro de guerra

Mi participación en la construcción de la bomba atómica se limitó a un único hecho: firmé una carta dirigida al presidente Roosevelt. En ella la ampulosidad se recalcaba en la necesidad de preparar experimentos para estudiar la posibilidad de realizar una bomba atómica.

Era consciente del horrendo peligro que la realización de ese intento representaría para la humanidad. Pero la probabilidad de que los alemanes estuvieran trabajando en lo mismo me empujó a dar este paso.

No me quedó otra escapatoria, aunque siempre he sido un pacifista convencido. Matar en la guerra no es en mi opinión mejor que un asesinato banal.

Pero mientras las naciones no se convenzan, mientras no rechacen la guerra con acciones comunes y resuelvan sus conflictos y defiendan sus intereses con disposiciones pacíficas basadas en las leyes, se creerán obligadas a prepararse para la guerra utilizando los medios más terroríficos, para no ser aventajadas por las demás.

Este camino desemboca obligatoriamente en la guerra, lo cual, en las condiciones actuales, comporta la destrucción de la humanidad.

En la actualidad no tiene sentido protestar contra los armamentos. Sólo puede ayudarnos la abolición drástica de las guerras y del peligro de guerra. Para esto debemos afamarnos, ésta debe ser nuestra firme determinación: luchar contra el origen del mal y no contra sus efectos. Y debemos aceptar lúcidamente esta exigencia. ¡Y no nos importe si luego se nos trata de asociales o de utópicos...!

Gandhi, el mayor genio político de nuestra época, supo encontrar su camino y nos demostró cuántos sacrificios están dispuestos a hacer los seres humanos una vez que se han decidido. Su obra de liberación de la India es el testimonio viviente de que una voluntad dominada por una convicción es más fuerte que el insuperable, aparentemente, poder material.

El problema del Pacifismo

Señoras y señores:

Me satisface que me hayan dado la oportunidad de decirles algunas palabras sobre el pacifismo. La evolución de los últimos años nos ha vuelto a demostrar que no debemos dejar en manos de los gobiernos la responsabilidad de lucha contra los armamentos y contra el espíritu bélico. Pero tampoco la creación de grandes organizaciones con muchos miembros puede por si sola llevarnos a esa meta; ni siquiera conducirnos un poco a ella. El mejor camino es negarse a hacer el servicio militar, con el respaldo de las organizaciones pacifistas, que en cada país ayuden moral y materialmente a los valientes que se nieguen. De este modo podremos conseguir que la pacificación se convierta en una auténtica lucha, a la que se sientan convocados todos los que tengan una naturaleza fuerte. Es una lucha ilegal, pero es la lucha de los auténticos derechos de la gente frente a sus gobiernos, mientras éstos exijan de sus ciudadanos un comportamiento criminal.

Muchos de los que se tienen por verdaderos pacifistas no colaborarían con un pacifismo tan radical basándose en razones patrióticas. No se puede contar con ellos en un primer momento. Lo demostró ampliamente la primera guerra mundial.

Les agradezco profundamente que me hayan brindado la ocasión de expresar de viva voz mi opinión.

Discurso ante el Congreso Estudiantil para el Desarme

Las últimas generaciones nos han puesto en la mano un regalo inmensamente precioso: una ciencia y una técnica tan desarrolladas, que nos ofrecen posibilidades de liberar y enriquecer nuestras vidas como no lo pudieron realizar las generaciones anteriores. Este regalo sin embargo implica unos riesgos para nuestra existencia que tampoco habían sido igualados en cuanto a perversidad.

Más que nunca el destino de la humanidad civilizada está ligado a las fuerzas morales. Por eso la tarea encomendada a nuestra época no es más fácil que las llevadas a cabo por las generaciones pretéritas.

Es posible conseguir en menos horas de trabajo la cantidad de alimentos y de bienes que la gente necesita. Por el contrario el problema de la distribución de esos bienes y del trabajo se ha vuelto más difícil. Todos sentimos que el libre juego de las fuerzas económicas, así como la irresistible pasión de riqueza y poder por parte de los individuos no ofrece soluciones al problema. Es preciso una planificación en la producción de los bienes, en la utilización de las fuerzas de trabajo y en el reparto de los bienes para evitar el empobrecimiento, así como la miseria de la mayor parte de la población.

Si bien el sagrado egoísmo ilimitado conduce a consecuencias nefastas en la vida económica, éstas son todavía peores en las relaciones internacionales. El desarrollo de la técnica militar es tal, que la vida de las gentes será insoportable si no se encuentra con rapidez un camino para impedir las guerras. Tan importante es el objetivo como ineficaces los esfuerzos realizados.

Se intenta moderar el peligro limitando el armamento y multiplicando las reglas a que deben atenerse las guerras. La guerra no es un juego de sociedad en donde los participantes respeten mansamente las leyes. Cuando se trata de ser o no ser, las normas y los compromisos no sirven para nada. Sólo un adiós incondicional de las guerras puede ayudarnos. Para ello no basta con conseguir que una organización internacional actúe como árbitro. Hay que hacerlo a través de pactos de seguridad suscritos por todas las naciones. Sin esta seguridad, las naciones no tendrán nunca el empuje de proceder a un desarme.

Imagínense por ejemplo que los gobiernos de Estados Unidos, Inglaterra, Alemania y Francia exigieran del Japón, bajo amenaza de boicot comercial, que cesara sus hostilidades contra China. ¿Creen ustedes que se encontraría en todo el Japón un gobierno capaz de correr tan peligroso riesgo económico? ¿Por qué no portarse así? ¿Por qué debe temblar cada persona y cada país por su existencia? Porque cada uno busca su beneficio del momento, sin subordinarlo a la prosperidad y al bienestar de la comunidad.

Así, manifestaba al empezar, el destino del género humano precisa en la actualidad mucho más que ayer de nuestra fuerza moral. En todas partes se busca el camino hacia una existencia feliz y alegre por encima de la renuncia y la autolimitación.

¿De dónde podrían venir las fuerzas para un desarrollo como el descrito? Sólo de aquellos que tuvieron ocasión, en sus años mozos, de consolidar su intelecto mediante el estudio consiguiendo así un juicio claro de las cosas. Así os vemos nosotros, los mayores, a vosotros. Así esperamos de vosotros que con vuestras mejor ímpetu busquéis y alcancéis aquello que nosotros no pudimos lograr.

Del servicio militar obligatorio

De una carta.

En vez de permitir que Alemania apruebe el servicio militar obligatorio habría más bien que prohibirlo en todos los países, no admitiendo otro ejército que el profesional sobre cuya magnitud y armamento habría que negociar. Esto también sería ventajoso para Francia, pues al abandonar como Alemania el servicio militar, se evitarían los efectos psicológicos de la educación militar en el pueblo y su tan vinculada privación de los derechos del individuo.

Más tarde podrían ambos países, conciliados por medio de un Tribunal Arbitral obligatorio que zanjase sus controversias, unificar sus organizaciones militares, lo cual sería más fácil si se tratara de ejércitos profesionales. Para las dos sería un ahorro financiero y una ganancia en materia de seguridad. Tal arreglo podría desembocar en un proceso de captación que podría ir abarcando cada vez más países, convirtiéndose las milicias, al final del proceso, en una «policía internacional», que se reduciría más y más al tiempo que aumentara la seguridad mundial.

¿Quieren aconsejar esta propuesta como acicate a nuestros amigos? Por supuesto que no sostengo de ninguna manera un programa tan singular. Pero es necesario plantear propuestas positivas: con el rechazo no pueden lograrse resultados prácticos.

A Sigmund Freud

Respetado señor Freud:

Es asombroso cómo su anhelo por el descubrimiento de la verdad ha superado todos sus demás deseos. Usted demuestra con claridad la difícil unión que existe entre los instintos de lucha y destrucción y los de amor y vida en la psique del hombre. Pero entrevee, entre sus concluyentes explicaciones, a la vez un profundo deseo de ese gran objetivo que es para todos la liberación interna y externa de las guerras. Hacia él tendieron todos aquellos que sobresalieron sobre su tiempo y sus patrias en la esfera intelectual y moral. Encontraremos el mismo ideal en Jesucristo, Goethe o Kant. ¿No es significativo que tales figuras fueran reconocidas por todos como maestros, a pesar de que su voluntad de estructurar las relaciones humanas no pudiera cumplirse por entero?

Estoy convencido de que los hombres notables que (a pesar de estar restringidos a círculos pequeños) fueron considerados líderes a causa de sus obras, comparten todos el mismo ideal. Sin embargo poseen poca influencia. Parecería que el destino de las naciones debe dejarse sin rechistar en manos de los irresponsables dueños del poder político.

Los dirigentes políticos deben sus investiduras en parte a la violencia y en parte a su elección por parte de las masas. En lo que respecta a intelecto y moralidad no pueden ser tenidos como una representación del sector más avanzado. Pero es cierto que en estos tiempos la élite intelectual ya no ejerce influjo directo en la historia de los pueblos. Dispersa, no puede participar ni incidir en los problemas actuales. ¿No cree que podría conseguirse una transformación de este estado de cosas creando una sociedad de personas cuyos logros y comportamiento ofrezcan garantía de capacidad y de desinterés? Esta corporación de carácter internacional, cuyos miembros deberían mantenerse en contacto a través de un constante intercambio de ideas, podría poco a poco conseguir ejercer una influencia en la resolución de los problemas políticos a través de declaraciones en la prensa bajo la responsabilidad de sus firmas. Está claro que una sociedad de esta clase tendría los mismos inconvenientes que todas las academias científicas, pero es una deficiencia que va unida a la condición humana. ¿No valdría la pena continuar pensando en esto? Por mi parte, lo considero un deber inexcusable.

Si una comunidad intelectual de tal categoría pudiera llegar a establecerse, debería procurar de coordinar una movilización de las organizaciones religiosas en la lucha contra las guerras. Ofrecería apoyo moral a todas esas personas cuya buena voluntad se encuentra paralizada en dolorosa resignación. Finalmente, pienso que una sociedad compuesta por figuras tan respetadas sería un inmenso apoyo moral para todos aquellos que, dentro de la Sociedad de Naciones, consagran toda su energía para realizar esta meta.

Me he alargado sobre estas cosas con usted con preferencia a cualquier otra persona en el mundo, porque se deja encandilar menos que los demás por sus deseos, y porque su juicio crítico está guiado por un altísimo sentido de la responsabilidad.

Las mujeres y la guerra

Creo que en la próxima guerra habría que enviar al frente a las mujeres patrióticas en lugar de los hombres. Sería algo nuevo en este inacabable y desesperante problema, y además, ¿por qué no dar ocasión a que los sentimientos heroicos del bello sexo se expresen de forma más pintoresca que atacando a miembros indefensos de la población civil?

Tres cartas a los pacifistas

1

Me llega la noticia de que usted, impulsado por su gran corazón y por su celo por la humanidad y su destino, realiza grandes cosas en silencio. Pocos son los que ven con sus propios ojos y oyen con sus propios oídos: de ellos dependerá el que los seres humanos no vuelvan a sumergirse en el atontamiento ante lo que parece ser el objetivo de una masa fanatizada.

¡Ojalá los pueblos puedan reconocer a tiempo todo lo que tienen que sacrificar de sentimientos nacionalistas para evitar una guerra de todos contra todos! El poder de la conciencia y del espíritu internacional ha demostrado ser muy débil. Tan débil como para establecer pactos con los peores enemigos de la civilización. Ciertos tipos de transigencia son crímenes contra la humanidad, aunque se quiera presentárnoslos como pruebas de sabiduría política.

No podemos desesperar de los seres humanos, dado que nosotros también lo somos. Y es un consuelo saber que hay aún personalidades como usted, vivas y a punto.

2

Tengo que manifestar públicamente que una explicación como la que va adjunta no posee el mínimo valor, según mi punto de vista, para ser presentada a un pueblo que practica el servicio militar obligatorio en tiempo de paz. Su lucha debe dirigirse a una abolición del servicio militar obligatorio. ¡Qué precio más alto debió pagar el pueblo francés por la victoria de 1918!

Ha contribuido de muchas maneras a mantenerlo en la peor de las esclavitudes.

¡Sean incansables en esta lucha! Poseen un importante aliado en los alemanes reaccionarios y militaristas. Pues si Francia mantiene la obligatoriedad del servicio militar, con toda seguridad que a la larga su introducción en Alemania será imparable. Y por cada esclavo militar francés habrá dos esclavos militares alemanes, lo que no puede ser del interés de Francia.

Únicamente si conseguimos acabar con el servicio militar podremos implantar la educación de la juventud en un espíritu de entendimiento entre los pueblos y una actitud de amor hacia todo lo viviente. Creo que la negativa al servicio militar por razones de conciencia, en caso que fuera hecha por cincuenta mil soldados, sería un poder irresistible. El individuo no puede conseguir mucho. Aunque tampoco puede ser deseable que precisamente los seres de más valor sean objeto de la destrucción por parte de esa maquinaria detrás de la cual se esconden tres grandes poderes: Imbecilidad, Temor y Codicia.

3

En su carta ha tocado usted un punto de suma importancia. En verdad son las industrias de armamento uno de los peligros principales para la humanidad. Señala también usted la fuerza perversa que se esconde detrás del nacionalismo, que se extiende por todas partes...

Es posible que mediante la nacionalización pueda ganarse algo en este aspecto. Pero la delimitación de las industrias comprometidas es muy difícil. ¿Se incluye la aviación? ¿Qué parte de la industria química? ¿Qué parte de la industria metalúrgica?

En lo que respecta al control de la fabricación de municiones y exportación del armamento, la Sociedad de Naciones se ocupa de ello desde años atrás, y sabemos con qué poco éxito. El año pasado pregunté a un conocido diplomático norteamericano por qué no amenazaban al Japón con un embargo comercial si continuaba con esta campaña de violencia. «Nuestros intereses comerciales son demasiado poderosos» fue la respuesta. ¿Cómo es posible ayudar a los hombres si son capaces de contentarse con este tipo de argumentos?

¿Cree con sinceridad que mis palabras pueden conseguir algo por sí mismas? ¡Qué ilusión! Las personas me cortejan en la medida que no las moleste. Pero cuando pretendo servir a objetivos que no les convienen pasan inmediatamente al a la descalificación, mientras que los indiferentes se ocultan detrás de su cobardía. ¿No ha hecho todavía la prueba del coraje civil de sus compatriotas? La consigna es: no menearlo y no mencionarlo. Puede estar seguro de que encaminaré todos mis esfuerzos a hacer posible lo que indica en su carta, pero de forma tan directa como la que sugiere es imposible conseguir nada.

Pacifismo activo

Me alegra y llena de orgullo la gran manifestación por la paz que ha organizado el pueblo flamenco. Tengo la necesidad de decirles, en nombre de todos los hombres de buena voluntad, lo siguiente: Nos sentimos unidos con ustedes en este momento de reflexión y de toma de conciencia.

No hemos de olvidar que será necesaria una dura batalla para mejorar la situación presente, pues el número de los dispuestos a una participación radical es mínimo comparado con la gran cantidad de los indecisos. Y por el contrario el poder de los interesados en alimentar la maquinaria de la guerra es muy grande. No temen tomar cualquier medida con tal de conseguir que la opinión pública sirva a sus intereses.

Parecería que los jefes de Estado de hoy poseen el objetivo de conseguir una paz duradera. Pero el aumento constante de la carrera de armamentos de los países indica tiene a las claras que únicamente se preparan para una guerra. Estoy convencido de que el remedio sólo puede provenir de los pueblos. Son ellos quienes, si quieren sacarse de encima la esclavitud del servicio militar, tienen que decidirse por un desarme total, en otro caso cada conflicto los llevará a la guerra. Un pacifismo que no ataque activamente el armamentismo de los Estados no podrá lograr nada.

Ojalá que la consciencia y el buen sentido de los pueblos despierte, para llegar a un estadio de la civilización en el cual la guerra pase a ser sólo una inconcebible locura de las generaciones pretéritas.

Una despedida

Al representante alemán en la Sociedad de Naciones

Muy respetado señor Dufour-Feronce:

Su amistosa carta no puede quedar sin contestación, pues quedaría en pie un malentendido respecto a mi actitud. Mi decisión de no volver a Ginebra se debe a que no creo que la Comisión pueda avanzar en el restablecimiento de las relaciones internacionales. De ella pienso que puede decirse: *ut aliquidfieri videatur*. En este caso, la Comisión me parece todavía menos eficaz que la Sociedad de Naciones.

De forma que estoy dedicando todos mis esfuerzos a la creación de una organización supranacional que pueda actuar como árbitro y órgano regulador de los asuntos internacionales, una meta que tengo tan a pecho que me pareció necesario abandonar la Comisión.

La Comisión ha favorecido una opresión de las minorías culturales de los diferentes países al crear en éstos unas «comisiones nacionales» cuya misión era la de puente entre los intelectuales y el Estado correspondiente. Con lo cual renunció a ser soporte moral de esas minorías nacionales que terminan sojuzgadas.

Tan débil ha sido la postura de la Comisión en lo que atañe al chauvinismo y militarismo de las tendencias que tiñen la educación impartida en algunos países, que no puede pensarse en ningún éxito en un tema tan delicado.

La Comisión renunció siempre a apoyar a quienes hicieron suyo su deber moral buscar una salida extrema para conseguir una Legislación internacional, y para oponerse a todo sistema militar.

La Comisión nunca dio un paso hacia la admisión de miembros que tuvieran tendencias políticas diferentes a las que ella defiende.

No quiero aburrirlo con más consideraciones, pues con estas pocas aclaraciones ya podrá tener una idea de mis motivos. No quiero transformarme en un demandante sino fundamentar ante usted mi postura.

Puede estar seguro de que si tuviera la menor esperanza hubiera obrado de forma muy distinta.

La realización de los programas de Desarme se ha vuelto difícil porque nadie quiere responsabilizarse de los problemas principales que provoca. Los grandes objetivos suelen ser alcanzados a pequeños pasos. ¡Recordemos en lo que fue reemplazar la monarquía absolutista por la democracia! Pero en este caso el objetivo no puede alcanzarse a pequeños pasos.

Mientras las posibilidades de una guerra no se descarten, los países no dejarán de prepararse militarmente de la forma más completa posible para afrontarla con todas las probabilidades de éxito. Tampoco se podrá evitar que la juventud sea educada dentro de las tradiciones militares y del orgullo nacional, con lo cual los ciudadanos continuarán dentro de los mismos marcos de conducta frente a la guerra. El armarse no significa una afirmación de paz sino una preparación para la guerra. Tampoco de aquí podrá escaparse a pequeños pasos, sino de una vez, o de ninguna.

La realización de un cambio tan absoluto en la vida de los pueblos exigirá un esfuerzo moral grandioso. Quien no se encuentre dispuesto a poner el futuro de su país en manos de una organización internacional que actúe de árbitro en caso de reyertas no está ciertamente decidido a evitar las guerras. En esta encrucijada es válida la expresión «todo o nada».

Nadie podrá negar que los esfuerzos hechos hasta ahora en pro de la paz han fracasado por impotencia para establecer compromisos válidos.

Estamos por lo tanto en una encrucijada. O encontramos el camino de la paz, o tomamos el camino de la violencia, que acabará con nuestra civilización y sus valores.

Está en nuestras manos: el primero asegurará la libertad de los individuos y la seguridad de las comunidades, el segundo enfrenta al individuo con su esclavitud y a la civilización con su destrucción. Nuestro destino será el que nos merezcamos.

Sobre la Conferencia para el Desarme de 1932

1

¿Puedo comenzar con una declaración política? Es esta: El Estado es para los hombres y no los hombres para el Estado. De la Ciencia puede decirse exactamente igual que del Estado. Desde siempre se ha valorado la personalidad humana por encima de todas las otras dignidades. No me sentiría obligado a recordarlo si no fuera porque la vigencia de esta máxima parece algo olvidada en estos tiempos de rutina y de organización. Como deber primero del Estado contemplo la protección del individuo, así como ofrecerle la posibilidad de desarrollar una personalidad creadora.

El Estado debe de ser nuestro servidor, y no nosotros esclavos del Estado. Este principio es rechazado por el Estado cuando nos obliga a hacer el servicio militar o a participar en una guerra, sobre todo teniendo en cuenta que con ello se pretende la destrucción de otros hombres o al menos el mayor perjuicio posible al desarrollo de sus personalidades. Estos puntos son de por sí perfectamente comprensibles para un norteamericano, pero no para un europeo. Por tanto no debe sorprendemos que entre los norteamericanos la batalla contra la guerra tenga un gran eco.

¡Pero volvamos a la Conferencia para el Desarme! ¿Hay que reír, llorar o esperanzarse ante ella? Imagínense una ciudad sólo habitada por individuos coléricos, desleales y pendencieros. La vida normal estaría obstaculizada por peligros que impedirían cualquier desarrollo armonioso. El Ayuntamiento querría remediar la situación, pero viéndola prolongarse durante años, ni los concejales ni los ciudadanos aceptarán que se les prohiba llevar un puñal en el cinto. Después de muchos preliminares, el Ayuntamiento decide afrontar el problema, y plantea el siguiente debate: «Cuál será el largo legal de los puñales?». Mientras los ciudadanos inteligentes, apoyados por la Ley, los Tribunales y la policía, no procedan en contra de las peleas a puñaladas, la situación no podrá cambiar. La limitación en el largo de las hojas de los puñales sólo revertirá en beneficio de los más fuertes y en detrimento de los más débiles.

Todos ustedes conocen cuán auténtica es esta situación. Existe una Sociedad de Naciones y existe un Tribunal de Arbitraje. Pero la Sociedad de Naciones no es nada más que un local para conferencias, y el Tribunal de Arbitraje carece de medios para hacer cumplir sus acuerdos. En caso de ser atacado, ningún país encontrará respaldo en ellos. Considerando lo antedicho, dejarán de juzgar a Francia con tanto rigor por su negativa a desarmarse sin garantías de seguridad.

Mientras no comprendamos esta necesidad de limitar la soberanía de los Estados, obligándolos a comprometerse a actuar en conjunto contra cualquiera que no cumpla los dictámenes del Tribunal de Arbitraje, resultará imposible que salgamos de la actual anarquía y amenaza constante. No hay la menor posibilidad de conciliar una soberanía ilimitada e individual de las naciones con la seguridad frente a un ataque. ¿Tendrá que producirse nuevas catástrofes para que los Estados acepten, ante el peligro, las decisiones de una organización internacional que haga el papel de árbitro? Casi no veo indicios de que pueda esperarse algo mejor. Pero todo amigo de la Civilización y de la justicia debe utilizar sus mejores fuerzas en convencer a sus semejantes de que no habrá salida si no es por medio de un compromiso internacional entre los Estados, planteada del modo que ya he descrito.

Puede alegarse, y no sin razón, que subrayando de esta manera los valores de lo organizativo se disminuye la importancia de lo psíquico, y todavía más de lo moral. Se habla de la necesidad de un desarme intelectual previo al desarme material. Se dice, y también con razón, que el obstáculo principal para organizarse internacionalmente reside en ese exagerado nacionalismo espiritual que se llama, de manera simpática pero mal usada, patriotismo. El Estado que exige de sus habitantes el servicio militar está obligado a propagar una mentalidad de la llamada mentalidad patriótica entre sus habitantes, que es la base psíquica para su utilización militar. Esta idealización de la patria junto a la religión ante los ojos de la juventud, hecha en las escuelas, la transforma luego en instrumento del poder despiadado.

La introducción del servicio militar obligatorio es por eso, según mi opinión, la causa principal de la decadencia moral de la raza blanca, y pone en peligro no sólo la existencia de nuestra cultura sino nuestra propia existencia. Es una plaga que nació, junto con grandes victorias, de la Revolución francesa, y abarcó muy pronto a los demás países. Quien desee, pues, favorecer una mentalidad internacionalista y contrarrestar el chauvinismo deberá luchar contra el servicio militar obligatorio. ¿Son menos vergonzosas para la humanidad las persecuciones que sufre el objetor de conciencia que las que debieron sufrir los primitivos cristianos?

¿Se puede, tal como ocurrió en el pacto Kellog, desdeñar la guerra, dejando indefensos a los individuos frente a la maquinaria bélica?

Si la Conferencia para el Desarme no se limitara a lo técnico y organizativo, si prestara también atención a los aspectos psicológicos, encontraría una fórmula legal de valor internacional que contemplara la negativa a cumplir con el servicio militar. Esta norma sería de un efecto moral trascendental.

Intentaré resumir lo dicho: la única limitación de los armamentos no ofrece garantías de seguridad. Un Tribunal de Arbitraje debe tener la certeza de que todos los países emprenderán una acción conjunta contra cualquier Estado que, en materia científica y militar, infrinja cualquiera de sus decisiones. El servicio militar obligatorio, como estandarte del nacionalismo, debe ser combatido, así como quienes se nieguen a cumplirlo por razones éticas deberán tener asegurada la protección internacional.

2

Lo que el ingenio humano nos ha ofrecido en el último siglo habría podido darnos una vida feliz y sin sobresaltos, siempre que el desarrollo de la capacidad de organización hubiera ido paralela a la evolución técnica. Pero, tal como una navaja de afeitar en manos de un niño de tres años, los progresos se han vuelto un arma peligrosa. En vez de traernos libertad, la posesión de maravillosos medios de producción nos trajo preocupaciones y hambre.

Pero lo peor que trajo es la creación de medios para destruir la vida humana. Nosotros los mayores lo hemos sufrido durante la primera guerra mundial. Y más terrible aún que la destrucción me parece inverosímil la servidumbre a que la guerra somete al ser humano. ¿No es espantoso ser forzado por un movimiento general a cometer acciones que individualmente cada uno considera crímenes abominables? Muy pocos tuvieron la grandeza moral de negarse: para mí son los auténticos héroes de la guerra mundial.

Pero existe una esperanza sin embargo. Tengo la impresión de que los jefes de Gobierno intentan realmente una abolición de la guerra. La resistencia a este proceso absolutamente necesario se debe a algunas tradiciones desafortunadas que un sistema educativo transmite de generación en generación. Pero más aún que las escuelas sirve de transmisor de estas tradiciones el servicio militar obligatorio y su glorificación, así como gran parte de la prensa manejada por los intereses armamentistas. Sin desarme no habrá verdadera paz. Y la continuación de la carrera armamentista conducirá sin duda a nuevas catástrofes.

Es por esto que la Conferencia para el Desarme de 1932 será de valor trascendental para el destino de la generación actual y de las siguientes. Pensemos en el resultado de las conferencias anteriores. Es evidente que todo individuo responsable y sensato procurará persuadir a la opinión pública por todos los medios de que disponga de la transcendental importancia que tiene esta reunión. Únicamente si están respaldados por una mayoría ávida de paz, los jefes de Gobierno podrán conseguir lo que se proponen. Cada uno de nosotros es responsable de la formación de una opinión pública a través de cada acto, de cada palabra.

El fracaso de la Conferencia será un hecho si los delegados llevan instrucciones cuya adopción se vea como cuestión de orgullo. Eso está a la vista. Las tan frecuentes reuniones unilaterales entre los representantes de dos países han tenido como resultado preparar el terreno de la

Conferencia por medio de discusiones sobre el tema del desarme. A mí me parece este camino el más feliz, pues dos personas o grupos pueden discutir con franqueza, prudencia y desapasionamiento, mientras que un tercero en discordia crea tensiones y obliga a los demás a creerse en el deber de tenerlo en cuenta. Sólo si se la encara de este modo, sólo si se la prepara hasta el menor detalle para que no se produzcan sorpresas, sólo si se consigue un verdadero clima de confianza, esta Conferencia tendrá una salida feliz.

El éxito en las cosas realmente importantes no es una cuestión de sagacidad o de astucia, sino una cuestión de honestidad y de confianza. Lo moral no puede ser sustituido por la razón, gracias a Dios.

La única actitud que no puede tenerse es la de observador o la de crítico. Hay que servir esta causa con todo lo que se dispone. El destino de la humanidad será el que nosotros le aparejemos.

Estados Unidos y la Conferencia para el Desarme de 1932

Los norteamericanos de hoy están repletos de preocupación por la situación de la economía de su país, y sus gobernantes, conscientes de su responsabilidad, utilizan la mayor parte de sus esfuerzos en solucionar o mitigar el paro y los problemas que hay dentro de sus fronteras. La sensación de participar en el destino del resto del mundo, y sobre todo de Europa, se encuentra menos patente que nunca.

Pero no será la economía de libre mercado la que resuelva automáticamente lo más difícil. Hará falta una legislación que establezca normas de repartición del trabajo y de los bienes de consumo, sin las cuales la población de los países más ricos se ahogaría. Pues está claro que el progreso de la técnica ha hecho disminuir la demanda de trabajadores, y que no será el libre juego de las fuerzas el que solucione los problemas sino una apropiada legislación. De ésta dependerá el que el progreso de la técnica beneficie a todos por igual.

Si la economía no puede resolver sus problemas sin una reglamentación planificada, cuánto menos puede esperarse que lo consiga la política internacional. Muy poca gente cree en la actualidad que actos de violencia como las guerras puedan ser medios aceptables para resolver problemas internacionales. Pero la mayoría no posee la valentía necesaria parar defender con toda energía la adopción de medidas que podrían suprimir las guerras, infame residuo de épocas de barbarie. Es necesario valor, conocimiento del tema, claridad en lo que se pretende y espíritu de servicio para dedicarse con eficacia a conseguir este objetivo primordial.

Quien quiera abolir de veras toda guerra, tendrá que aceptar que su propio Estado renuncie a parte de su soberanía en beneficio de las organizaciones internacionales; tiene que estar dispuesto a someter a su país, en caso de conflicto, a las decisiones de un Tribunal de Arbitraje; tendrá que defender con firmeza el desarme de todos los países, que establece incluso el siniestro Tratado de Versalles; tendrá que entender que ese desarme no significará ningún adelanto mientras no lo acompañen la supresión de la enseñanza provocadora militarista y patriótica.

No hay acontecimiento más indignante en los países de cultura contemporáneos que el continuo fracaso de las Conferencias para el Desarme que han tenido lugar en los últimos años. Pues no es un fracaso que se deba sólo a las intrigas de jefes de Estado ambiciosos o ignorantes, sino también a la indiferencia y a la falta de energía de los ciudadanos de todos los países. Si esto sigue así, habremos aniquilado todos los logros obtenidos por nuestros antecesores.

Creo que el pueblo de Estados Unidos no tiene conciencia completa de la responsabilidad que le toca en lo ya expuesto. En América se piensa: «Que Europa se destruya, puesto que lo deberá a la intolerancia y a la maldad de sus habitantes. La buena siembra del presidente Wilson ha fructificado raquíticamente en el estéril suelo de Europa. Nosotros somos fuertes, estamos seguros y ya no volveremos a mezclarnos con tanta prisa en los asuntos ajenos».

Quien piense así no es ni honesto ni inteligente. Estados Unidos no es inocente del conflicto que padece Europa. Su exigencia inhumana del cobro de las deudas aceleró el derrumbe económico, y, con él, el derrumbe moral de Europa. Hasta cierto punto es responsabilidad suya la balcanización europea, y las subsiguientes degeneraciones de la moral política, y aparición de los sentimientos de venganza que se alimentan de la desesperación. Este sentimiento no se detendrá ante las puertas de América. Diré más: no se detuvo en las puertas de América. Miraos y preparaos.

No son necesarias más palabras: la Conferencia para el Desarme no representa sólo para nosotros, sino también para vosotros, la última oportunidad de conservar los más altos hitos de la civilización. En vosotros, como los más fuertes y relativamente los más sanos, están colocadas las miradas y la esperanza de todos.

Del Tribunal de Arbitraje

Un desarme planificado y rápido sólo será posible si se garantiza a cada nación la custodia de su seguridad por medio de un Tribunal de Arbitraje permanente y autónomo respecto a los gobiernos.

La obligación sin rechistar de los Estados sería no sólo acatar las decisiones de ese tribunal sino hacerlas cumplir.

Estaría constituido por un Tribunal de Arbitraje para Europa-Africa, otro para América, otro para Asia; Australia tendría que añadirse a alguno de los anteriores. Habría además un Tribunal de Arbitraje Conjunto para resolver las cuestiones que resultaran demasiado enormes para cualquiera de ellos.

La Internacional de la Ciencia

Cuando el fanatismo nacional y político alcanzaba su cenit en plena guerra, Emil Fischer, durante una sesión de la Academia, manifestó: «No podrán hacer nada, señores: la Ciencia es y seguirá siendo internacional». Esto lo han sabido siempre los grandes investigadores, aunque en épocas turbulentas hayan podido verse aislados en pequeños grupos del grueso de sus colegas. Esas voces autorizadas en las que podía confiarse fueron traicionadas después de la guerra. Ya durante su transcurso, la Asociación Internacional de Academias fue disuelta. Los congresos empezaron a celebrarse y aún se celebran excluyendo a los científicos de los países que en esa ocasión fueron enemigos. Consideraciones de orden político se han interpuesto para obstaculizar la colaboración, imprescindible para un progreso auténtico, de los científicos de unos países con los de otros.

¿Cómo pueden recuperar el tiempo perdido todos los que se mantienen al margen de las tensiones emocionales inmediatas? Todavía no pueden organizarse congresos auténticamente internacionales: el apasionamiento de la mayoría de los científicos, los obstáculos de orden psicológico son demasiado grandes para que pueda superarlos algo más que una minoría. El único papel que a ésta cabe es trabajar por el restablecimiento de las sociedades internacionales hablando en pro de ellas en sus sitios de trabajo, y no dejando de mantener relaciones con científicos de todas las nacionalidades. Aunque tarden en comprobarse, los resultados favorables llegarán. No quiero dejar pasar la oportunidad de subrayar el hecho de que los colegas ingleses han insistido durante todos estos difíciles años en sus esfuerzos por conseguir una Sociedad Científica Internacional.

Ya se sabe: siempre son más malas las declaraciones oficiales que los sentimientos individuales. Y ello no debería desanimarnos, dado aquello de: *senatores boni yin, senatus autem bestia*.

Si tengo tantas esperanzas puestas en la materialización de una entidad de tipo internacional es porque considero las necesidades que surgirán del desarrollo económico, no porque confíe en la nobleza de sentimientos de los seres humanos. Porque esos mismos que ahora se oponen en tan gran medida a lo que es propio del trabajo intelectual, muy pronto se verán trabajando, por su interés y contra su voluntad, en la creación de la Organización Científica Internacional.

Sobre las minorías

Es un hecho patente que las minorías (especialmente si sus individuos pueden distinguirse por sus rasgos físicos) son tratadas por la mayoría dentro de la cual viven como pertenecientes a una categoría humana inferior. Lo trágico de ese destino es que no sólo la minoría se ve conducida por ese instinto a una disminución económica y social, sino que bajo la influencia de la mayoría empieza a considerarse efectivamente inferior. Esta segunda parte del problema puede ser evitada por medio de una educación adecuada, único medio para liberar a las minorías.

Los esfuerzos que han realizado los negros de Estados Unidos en este concierto me parecen dignos del mayor encomio.

Alemania y Francia

Una colaboración plena entre Francia y Alemania únicamente podrá conseguirse cuando Francia pueda estar segura de que no sufrirá un ataque militar por parte de Alemania. Pero si Francia plantea tales exigencias, Alemania reaccionará mal.

Hay una solución posible a pesar de todo: una propuesta por parte del gobierno alemán al gobierno francés para que plantee a los países miembros de la Sociedad de Naciones la adopción de estas medidas:

1) Acatar toda decisión del Tribunal Internacional de Arbitraje.

2) Comprometerse a actuar por todos los medios económicos y militares que posea a su alcance, contra cualquier Estado que no acate una decisión del Tribunal, con respecto a toda actuación que ponga en peligro la paz.

El Instituto para la Colaboración Internacional

Este año por primera vez los políticos europeos más sobresalientes han comprendido qué significa el hecho de reconocer que sólo el cese del enfrentamiento endémico entre las naciones permitirá un rebrotar de la cultura en nuestra región del planeta. La organización política de Europa tiene que estabilizarse mediante la supresión gradual de las fronteras. Pero no debe creerse que es un objetivo que se puede conseguir por medio de una serie de tratados entre los países. La tarea de todos será inculcar poco a poco un sentimiento de solidaridad entre los individuos. Es con este fin que la Sociedad de Naciones ha creado su *Comissjon de Cooperation Intellectuelle*. Es una organización del todo internacional, no vinculada a la política, cuyo objeto es reestablecer en todos los terrenos del trabajo intelectual esas relaciones que quedaron reducidas con la guerra a meros círculos nacionales. Es una tarea difícil, pues por desgracia debo decir que (por lo menos en los países que conozco mejor) los científicos y los artistas se dejan arrastrar por tendencias nacionalistas con mucha mayor facilidad que los seres humanos de la praxis.

Hasta ahora, esa Comisión se reunía dos veces por año. Para hacer su trabajo más eficaz, el gobierno francés ha decidido fundar un Instituto para la Colaboración Intelectual, que se inaugura en este día. Es un acto generoso por parte del Estado francés, que merece toda nuestra atención para no perjudicarlo.

Es una tarea fácil y agradable el alegrarse, alabar, y felicitarnos. Pero nuestro deber sólo podrá cumplirse mediante la honradez. Por esto no dudo en añadir a mi satisfacción una crítica:

Noto diariamente que el obstáculo principal para un adecuado trabajo de nuestra Comisión es la falta de confianza que se tiene respecto a su objetividad política. Por tanto, el primer trabajo será ganar esa confianza, y prescindir de todo aquello que pueda dañarla.

Si el gobierno francés funda y sostiene, en París, un Instituto encargado de oficiar como órgano permanente de la Comisión y si su director es un ciudadano francés, ¿cómo no va a cundir la impresión de una preeminente influencia francesa? Si agregamos a ello el hecho de que el presidente que ha tenido la Comisión hasta ahora también es francés, tal impresión se refuerza. Es verdad que los demás miembros gozan de todo prestigio y de gran respeto, pero no debe ocultarse que la impresión mencionada prevalece.

Dixi et salvavi animam meam. Espero de todo corazón que el nuevo Instituto y la Comisión puedan trabajar estrechamente unidos, intercambiando sus éxitos, hasta conseguir los objetivos propuestos, así como el respeto y la confianza de los intelectuales de todos los países.

Cultura y bienestar

Para llegar a estimar los daños producidos por la catástrofe política que nos trajo el desarrollo cultural de la humanidad, hay que considerar que la cultura refinada es una planta de naturaleza sutil, que sólo crece en algunos parajes. Para crecer necesita ante todo de cierto bienestar, que permita a una parte de la población dedicar su tiempo a tareas que no sean la satisfacción de las necesidades elementales para sobrevivir. En segundo lugar necesita de una tradición de tipo moral, que conceda un alto valor a la producción de bienes culturales y a las tareas del pensamiento.

Alemania estuvo durante el último siglo en el grupo de naciones que cumplían con esos requisitos. Su bienestar era modesto, pero en cambio su tradición de aprecio de los bienes culturales era extraordinaria. Sobre tal base, la población levantó ciertos valores que no pueden dejarse de lado cada vez que quiera analizarse el desarrollo cultural moderno. La tradición continúa, pero el bienestar está amenazado. Se han arrebatado al país una gran proporción de sus fuentes de materia prima para la industria. De pronto, se encuentra sin ese margen que hace posible el mantenimiento de trabajadores intelectuales. Ello repercute sobre la vigencia de esa tradición ya mencionada, y de esta forma queda amenazada de extinción una de las plantas que mayor fruto de cultura diera al mundo.

La humanidad, en la medida en que aprecie los valores culturales, deberá utilizar sus fuerzas en ayuda de los que se encuentran momentáneamente en dificultades, dejando de lado el trasfondo de egoísmos nacionales, y apoyando con generosidad que los valores más altos puedan volver a resurgir. Favorecerá así las realizaciones intelectuales de cada pueblo, ayudando a que cada suelo produzca esa planta de la cultura que es su mejor obra.

Síntomas de enfermedad en la vida cultural

El intercambio de las ideas y de los resultados resulta necesario para un desarrollo armónico de la Ciencia y de toda la vida cultural. Está claro que la intromisión de las autoridades de este país en el libre intercambio de conocimientos entre los individuos ya ha computado daños a tener en cuenta. Por ahora este daño se extiende sólo sobre las disciplinas científicas, pero poco a poco se manifestará actuando en todas las normas de la producción.

Esta intromisión de las instancias políticas en la vida científica de todo el país se ha hecho notable al decretarse la prohibición para los científicos de viajar al extranjero, y la negativa a dejar entrar a científicos extranjeros en Estados Unidos. Un comportamiento tan minucioso por parte de una Nación de tal poderío no es más que el síntoma de una enfermedad grave.

Pues esa injerencia organizada después de una reestructuración política, manifiesta una desconfianza general y un comportamiento lleno de temor hacia los seres humanos, que obliga a abstenerse de toda publicación y vuelve sospechosa cualquier versión oral o escrita de novedades científicas.

Pero la enfermedad verdadera de la que todo lo anterior no son más que los síntomas, es un criterio que ha surgido de las guerras mundiales: tenemos que organizar nuestra vida en la paz de modo tal que en la guerra estemos seguros de la victoria.

Este punto de vista da origen a otro, según el cual es evidente que no sólo nuestra libertad sino incluso nuestra existencia están amenazadas por aquel enemigo que alcance mayor poder.

Y es esta idea la que da lugar a todas estas abominaciones que enumeré al principio llamándolas síntomas, y conduce casi irremisiblemente a la guerra y al aniquilamiento. Hallamos su manifestación más clara en el presupuesto de Estados Unidos. Sólo cuando hayamos logrado superar esta obsesión podremos volvernos hacia la resolución razonable del verdadero problema político: «Cómo contribuir a hacer segura la existencia de los seres humanos sobre la Tierra?».

Y todo esto ¿por qué? Porque nadie puede librarse de los síntomas de una enfermedad sin antes haber eliminado a ésta.

Reflexiones sobre la crisis económica mundial

Si algo puede animar al profano en materia económica a reunir el valor necesario para dar su opinión sobre la esencia de las dificultades angustiosas de la actualidad, es el descorazonante caos que se descubre en las opiniones de los expertos. Nada diré de nuevo. Sólo la opinión de un hombre independiente y honrado que desea el bienestar de la humanidad, y que, libre de prejuicios de nacionalidad o de clase, procura lograr una armonía en la existencia individual. Si escribo dando la impresión de certeza en mis opiniones es por comodidad de la expresión más que por infundada confianza en mi juicio.

Por lo que puedo ver, esta crisis no se parece a las anteriores; surge de hechos totalmente nuevos, que a su vez emanan del progreso rapidísimo logrado por los medios de producción. En una economía de libre mercado ello conduce sin dilución a un incremento del paro obrero. Pues en tal tipo de economía la mayoría de los trabajadores se ve circunscrita a trabajar por un salario que le permita cubrir sus necesidades básicas; no analizaremos ahora las causas. Y de dos fábricas, producirá artículos más baratos aquella que funcione con la menor cantidad posible de obreros, que a su vez trabajen con la mayor intensidad que la técnica permita. O sea que hay empleo para una parte sola de la población obrera. Y que mientras unos trabajan demasiado, otros quedan fuera del proceso de producción. Con lo cual disminuyen la venta y la rentabilidad, quiebran las empresas, aumenta el desempleo, las empresas pierden credibilidad ante los bancos, sigue la insolvencia, el retiro de ahorros y por fin la paralización de la industria.

Se ha analizado esta crisis desde otro punto de vista, ligándola a motivos que analizaremos ahora:

Superproducción: en la que hay que distinguir entre dos cosas, la superproducción real y la aparente. Bajo el primer concepto entiendo una producción tan abundante que sobrepasa la demanda. Podría aplicarse a los automóviles y al trigo en Estados Unidos, aunque no con seguridad. Suele llamarse superproducción a la producción excesiva de un artículo que no puede venderse a causa de las circunstancias y a pesar de que los consumidores lo necesitan. A ésta llamo superproducción aparente. Pues en este caso no falta demanda sino poder adquisitivo por parte de los consumidores. Pero la expresión «superproducción aparente» no es sino otra forma de llamar a la «crisis», con lo que mal podría servir de explicación de ésta. Llamar superproducción a la crisis actual no es más que usar excusas.

Reparaciones: la obligación de pagar sus reparaciones ha afectado la economía de los países en deuda, y los ha forzado a exportar a precios que resultan un verdadera rebaja. Pero si Estados Unidos, protegido por aranceles muy altos, da señales de crisis, queda claro que no es aquélla su causa principal. Puede pensarse en la escasez de oro de los países deudores para explicar la cancelación de estos pagos, pero no la crisis mundial.

Introducción de nuevos aranceles; aumento de los gravámenes para pagar armamentos; inseguridad política derivada del peligro de guerra: todo ello se agrava en Europa, sin afectar en apariencia a Estados Unidos. Pero al aparecer la crisis también aquí, queda claro que aquéllas no pueden ser las causas principales.

Decadencia de China y de Rusia: tampoco este aspecto de la economía mundial puede hacerse sentir en Estados Unidos de manera notoria, ni menos todavía ser causa principal de la crisis.

Ascenso económico de las clases inferiores a partir de la guerra; sólo acarrearía (en caso de ser real) escasez en los bienes en oferta y no lo contrario.

No quiero cansar al lector haciendo mención de nuevas razones que no explican la crisis. Para mí está claro: el progreso técnico que debía de haber servido al ser humano para liberarlo de parte de su carga laboral es la causa principal de las desgracias actuales. ¡De aquí la aparición de quienes pretenden prohibir la introducción de progresos técnicos! Un disparate, a todas luces. Pero queda en pie el dilema ¿cómo encontrar una solución?

Si de algún modo pudiera lograrse que el poder adquisitivo de la masa no descendiera por debajo de un determinado nivel, se impediría esa paralización del sistema económico que padecemos hoy.

La solución más sencilla, pero también más arriesgada, es adoptar una economía planificada. O sea lo que intenta en esencia la Rusia de hoy. Sólo el tiempo revelará si es un sistema que dé resultado. ¿Puede ser más alta la producción en una economía planificada que en una que dé libertades a la iniciativa privada? ¿Es viable tal sistema sin el terror que aquellos gobernantes practican hasta hoy? Un sistema tan rígido y centralizado ¿no cerrará las puertas a posibles innovaciones beneficiosas? Son interrogantes que debemos procurar no se transformen en prejuicios que impidan una valoración objetiva.

Yo pienso según mi opinión que son mejores los sistemas cuanto más respeten las tradiciones y las costumbres. Y también pienso que una brusca nacionalización de la industria no puede favorecer a la producción.

Sea como fuere, hay dos puntos en los cuales la economía libre debe planificarse: limitando los horarios semanales de los diversos sectores para combatir el paro en forma sistemática, y regulando el salario mínimo de modo que el poder adquisitivo de los trabajadores se corresponda con la producción.

En los sectores monopolizados el Estado debería controlar los precios para que una acumulación excesiva de capital no estrangulara la producción en forma artificial.

Es así como quizá podrían equilibrarse producción y consumo, sin introducir grandes limitaciones en la iniciativa privada. Al propio tiempo se evitaría una excesiva superioridad del propietario de medios de producción, de tierras y de máquinas respecto al obrero asalariado.

Producción y poder adquisitivo

No creo que conocer la capacidad de producción y de consumo de un país sea un camino para combatir las dificultades actuales. Es un conocimiento que por regla general llega demasiado tarde. La crisis que sufre Alemania no surge de una hipertrofia del sistema de producción sino de la falta de poder adquisitivo de un importante sector de la población, apartado del proceso de producción como consecuencia de la racionalización.

Según mi entender es un gran inconveniente que el oro sea el patrón monetario. Pues toda escasez en sus reservas conduce a escasez de la capacidad de crédito, a la que no pueden adaptarse enseguida ni los precios ni los salarios.

Según mi parecer, los medios naturales para combatir las actuales circunstancias son los siguientes:

1) Reducción del horario de trabajo semanal, unida a la fijación de un salario mínimo que regule el poder adquisitivo en relación con la producción de bienes.

2) Regulación de la cantidad de dinero en circulación y del volumen crediticio, así como mantenimiento de los precios medios de los artículos.

3) Establecer legalmente un tope en el precio de los artículos producidos por un sector monopolizado.

Producción y trabajo. Contestación a una encuesta

Los inconvenientes de una libertad incontrolada en el mercado de trabajo se relacionan con los adelantos extraordinarios de los métodos de producción. Para fabricar lo imprescindible, no es necesario emplear a todos los trabajadores disponibles. Con ello se da la consecuencia de mayor paro, de competencia perniciosa entre los asalariados y, como agregado, la disminución del poder adquisitivo y una asfixia insoportable de todo el circuito vital de la economía.

Sé que los economistas liberales creen que el aumento de las posibilidades compensa cualquier ahorro de mano de obra. Yo no opino lo mismo. En primer lugar, porque aunque fuera cierto, esos factores llevarían a que una parte importante de la humanidad viera rebajado su nivel de vida en forma artificial.

Creo sin embargo como usted, que ha de implicarse por todos los medios la participación de los jóvenes en el proceso de producción. También habría que excluir a los mayores de ciertos trabajos (que llamo trabajos no cualificados). Como indemnización percibirían una pensión dada, por haber realizado previamente sus esfuerzos a la sociedad.

También creo en la abolición de las grandes ciudades. Siendo al mismo tiempo enemigo de la idea de instalar una determinada categoría de ciudadanos, por ejemplo los viejos, en una ciudad determinada. Debo decir que me parece una idea terrible.

Pienso asimismo que debería evitarse la fluctuación del valor del dinero, sustituyendo al oro como patrón monetario por el precio de una serie de artículos, tal como fue propuesto ya por Keynes hace tiempo. Con ello podría permitirse cierta «inflación» al valor del dinero, siempre y cuando el Estado se mostrara capaz de usar con inteligencia de lo que para él sería un verdadero regalo.

Los puntos débiles de su planteamiento son, según obrero, su escasa atención a los aspectos psicológicos. Si el capitalismo ha traído consigo los adelantos de la producción pero también los del conocimiento, no es por casualidad. El egoísmo y la competencia siguen siendo (¡por desgracia!) fuerzas más poderosas que el altrusmo y el sentido del deber. En Rusia no es posible obtener ni siquiera un buen trozo de pan. Quizá sea algo pesimista, pero no espero resultados muy buenos de las empresas nacionalizadas. La burocracia es la muerte de todo rendimiento. He visto demasiadas cosas tremendas, incluso en la relativamente ejemplar Suiza.

Creo que el Estado puede beneficiar al proceso productivo únicamente si actúa como factor regulador. Tiene que ocuparse en asegurar que la competencia entre las fuerzas del trabajo se deslice sobre bases humanas, a asegurar una educación eficiente a todos los niños, a garantizar salarios bastante altos como para que los productos puedan ser adquiridos. Tal función reguladora puede ser decisiva si sus medidas de control pasan por las manos de especialistas políticamente independientes.

Observaciones sobre la situación actual de Europa

La situación política del mundo y en especial de Europa se me presenta caracterizada por un notable retraso en hechos y en ideas respecto a lo económico, que por su parte se ha solventado con muchísima rapidez. Los intereses de los Estados deberían subordinarse a los intereses de una mayoría que se ha vuelto muy extensa. La lucha por orientar el pensamiento político en ese sentido es difícil, pues deben superarse tradiciones seculares. Pero de su feliz logro depende la suerte de Europa, su existencia. Mi convicción es que una vez superados los obstáculos psicológicos la resolución del problema real no será tampoco difícil. Conseguir la atmósfera idónea será la labor de todos los que creemos en esto. ¡Ojalá que los esfuerzos de todos juntos puedan contribuir a la construcción de un puente de confianza entre los pueblos!

De la convivencia pacífica de las naciones

Una participación al programa de televisión de la señora Roosevelt

Le estoy muy agradecido, señora Roosevelt, que me haya brindado la oportunidad de expresar mis opiniones sobre esta importante cuestión política: pensar que armando al país se puede conseguir seguridad es una ilusión fatal, como consecuencia del desarrollo de la actual técnica militar. En Estados Unidos esta ilusión se ha apoyado en otra: en que han sido los primeros en fabricar la bomba atómica. Esto hizo creer que a la larga se podría alcanzar una superioridad militar decisiva. Con lo cual se podría intimidar a todos los enemigos en potencia, obteniendo así la tan deseada seguridad para ellos y para el resto del mundo. La máxima en que confiamos durante los últimos cinco años se resume así: seguridad por medio de coacción basada en la superioridad, por mucho que cueste.

Las consecuencias de este criterio técnico militar y psicológico no podían tardar en manifestarse. Toda la política exterior está dominada por un único punto de vista: «¿Cómo actuar para, en caso de guerra, vencer al enemigo?». Estableciendo bases militares en los puntos más importantes de la tierra en materia de estrategia y de vulnerabilidad; armando y apoyando económicamente a los aliados potenciales. En el interior de Estados Unidos, concentrando gran parte del poder financiero en mano de los militares, militarizando a la juventud, controlando la lealtad de los individuos y sobre todo la de los funcionarios, intimidando a quienes piensan políticamente de otro modo, e influyendo en la mentalidad de la población por medio de los medios de comunicación y la escuela, así como poniendo en práctica una creciente censura de las comunicaciones bajo el pretexto del secreto militar.

Otras consecuencias: la carrera de armamento entre Estados Unidos y Rusia, que en sus orígenes era preventiva, está adquiriendo caracteres de histerismo. En ambos países se acelera detrás del mayor misterio la preparación de los medios para aniquilar a la humanidad.

La Bomba H se divisa en el horizonte como un objetivo verosímil. Su acelerado proceso de fabricación ha sido solemnemente proclamado por el presidente. Si llega a construirse, la contaminación radioactiva de la atmósfera y con ella la destrucción de la vida en la Tierra entrarán en el terreno de lo técnicamente posible. El horror de este proceso reside en su aparente ineluctabilidad. Cada paso parece consecuencia inevitable del anterior. El aniquilamiento total aparece cada vez con mayor claridad al final del proceso.

Dado que nosotros mismos estamos construyendo las circunstancias de nuestra muerte, ¿existe alguna vía de salvación? Todos tenemos que caer en cuenta, y antes que nadie los gobiernos de Estados Unidos y de la Unión Soviética, que si han podido eliminar un enemigo exterior no podrán escaparse de la psicosis creada por la guerra. No puede llegar a forjarse una paz verdadera orientando todo nuestro comportamiento hacia la eventualidad de un conflicto. Cuanto más, si cada día resulta más evidente este conflicto traería consigo la destrucción absoluta. La idea rectora de toda política exterior tendría que ser: ¿qué podemos hacer para que las naciones convivan de la manera más pacífica y mejor? Primer problema: hacer desaparecer el miedo y la desconfianza recíproca. Una denuncia total por ambas partes a usar la fuerza de los unos contra los otros (y no únicamente los medios de destrucción masiva), se impone de por sí. Renuncia que sólo tendrá eficacia si se acompaña de la creación de una entidad internacional que resuelva todos los problemas relativos a la seguridad de las naciones. La proclamación de las naciones de participar honestamente en la realización de esta especie de gobierno mundial haría disminuir en gran medida el peligro de guerra.

La convivencia pacífica de todos los hombres se basa ante todo en la confianza mutua, y sólo en segundo lugar en instituciones tales como la Ley y la Policía. Ello tiene la misma validez para las naciones que para los individuos.

Pero la confianza se fundamenta en una relación sincera de *give and take*, de dar y tomar. ¿Qué pensar del control internacional? Pues que puede ser útil de manera secundaria, como función policial. Pero no sobrevaloremos su eficacia. ¡Una comparación con los tiempos de la prohibición da qué pensar!

Sobre la seguridad de la especie humana

El descubrimiento de las reacciones atómicas en cadena no tiene por qué ser más peligroso para la humanidad que el descubrimiento de las cerillas. Pero hemos de hacer todo lo necesario para evitar su mal uso. En el grado actual de desarrollo tecnológico, sólo puede protegemos una organización supranacional, siempre que disponga de una capacidad ejecutiva suficiente. Cuando sepamos reconocerlo o toda su amplitud seremos capaces de hacer los sacrificios necesarios para asegurar la existencia de la especie humana. Si no se alcanza a tiempo este objetivo, cada uno de nosotros será culpable. El peligro consiste en que cada uno sin mover un dedo, espera a que actúen los demás. El progreso de la Ciencia en lo que va de siglo es respetado por todos los seres humanos, incluso por quien sólo disponga de conocimientos limitados o superficiales propios de su ambiente social y laboral. Podemos aplaudir esos progresos sin miedo a equivocarnos, siempre que no perdamos de vista lo sucedido en los últimos años. Es como viajar en tren: mirando el entorno próximo nos parece volar a la velocidad de un avión; mirando a lo lejos la imagen que contemplamos varía con lentitud. Lo mismo ocurre cuando nos inclinamos sobre los grandes problemas de la Ciencia.

No tiene objeto, según mi opinión, hablar de nuestra *way of life* o de la de los rusos. En ambos casos se trata de un conjunto de tradiciones y de costumbres que no configuran una estructura orgánica. Mucho más inteligente será preguntarse sobre las tradiciones más nocivas y sobre las más útiles para el ser humano, las que hacen la vida más feliz y las que la vuelven más penosa. Y luego habrá que actuar en consecuencia, procurando adoptar las que hayan resultado mejores.

Nosotros, los herederos

Las generaciones que nos precedieron podían creer que los progresos espirituales y sociales eran fruto del trabajo de sus antepasados que hacían posible una vida más bella y más fácil. Los crueles avatares de nuestro tiempo nos indican que no es más que una ilusión llena de consecuencias. Porque hemos caído en la cuenta de que nuestros esfuerzos principales deben tener como objeto el que esa herencia no signifique el fin de la humanidad, sino una buen puesto de partida. Pues si antes un individuo alcanzaba mérito social cuando era capaz de sobreponerse hasta cierto punto a su egoísmo personal, hoy se exige de él que sea capaz de sobreponerse al egoísmo del país y de la clase social. Solamente llegado a ese nivel será posible para el individuo mejorar la suerte de la comunidad.

De cara a este desafío de la historia, el ciudadano de un Estado pequeño se encuentra en una posición comparativamente más favorable que el de un gran Estado, donde está expuesto a las presiones de la brutal fuerza económica y política. El tratado entre Bélgica y Holanda, que es en estos últimos tiempos un rayo de esperanza dentro de la evolución política europea, nos permite esperar que las naciones pequeñas jueguen un papel fundamental: su manera de luchar, su negativa a reservarse una autodeterminación aislada, conducirán a una liberación de la degradante esclavitud militarista.

Tercera parte: Lucha contra el nacionalsocialismo

Declaración

Marzo de 1933

Mientras pueda viviré en un país donde haya libertades políticas, tolerancia e igualdad para todos los ciudadanos ante la Ley. A la libertad política pertenece la libertad de expresar las convicciones, así como el respeto por las creencias del ser humano.

Estas condiciones no son cumplidas por la Alemania actual. Los individuos que se han dedicado a la causa internacional y algunos destacados artistas son, en ella, perseguidos.

Lo mismo que los individuos, los organismos de una sociedad pueden enfermar físicamente, sobre todo en épocas difíciles. Las naciones suelen esforzarse por sobrevivir a sus enfermedades. Espero que Alemania supere pronto las suyas, y que en un futuro cercano se pueda no sólo elogiar a personalidades eminentes como Kant y Goethe, de cuando en cuando, sino que la vida oficial y particular se fundamente en sus mejores hechos.

Intercambio de cartas con la Academia Prusiana de Ciencias

Declaración de la Academia del 1 de abril de 1933

La Academia Prusiana de Ciencias ha tenido conocimiento con indignación, a través de los artículos en los diarios, de la participación de Albert Einstein en la execrable campaña de difamación contra Alemania emprendida en Francia y Estados Unidos. De inmediato se le han exigido explicaciones. Entre tanto, Einstein en persona ha solicitado su baja de la Academia, fundamentándola en el hecho de que bajo el gobierno actual no puede servir al Estado prusiano. Debido a que es ciudadano suizo, parece que está dispuesto a renunciar también a la nacionalidad prusiana, que le fue concedida en 1913 cuando ingresó como miembro ordinario en esta Academia.

La Academia Prusiana de Ciencias lamenta con la mayor pesadumbre este comportamiento contestatario de Einstein, que queda como extranjero, debido a que ella y sus miembros se sienten profundamente ligados al Estado de Prusia, y que a pesar de las reservas que se han impuesto en materia de política han defendido y exaltado siempre la idea de Nación. Es sobre esta base que la Academia Prusiana de Ciencias no tiene ningún motivo para lamentar el retiro de Einstein.

Por la Academia Prusiana de Ciencias
Prof. Doctor Ernst Heymann
Secretario Perpetuo

Respuesta de Albert Einstein a la Academia Prusiana de Ciencias

Le Coq, en Ostende, 5 de abril de 1933

Se me ha hecho saber por una fuente de absoluta confianza la noticia de que en una declaración oficial se ha hablado de una «participación de Albert Einstein en la execrable campaña de difamación emprendida en Francia y Estados Unidos».

Declaro que jamás he participado en ninguna campaña de difamación y debo añadir que jamás asistí a reunión de tal género. Por el contrario he podido combrobar las reproducciones y comentarios de los manifiestos y disposiciones oficiales de los miembros responsables del gobierno alemán, así como el programa relativo a la aniquilación de los judíos alemanes en el terreno económico.

Las declaraciones que he hecho a la prensa se refieren a mi retiro de la Academia y a mi renuncia a la nacionalidad prusiana. Fundé mi decisión en que no quiero vivir en un Estado en el cual los individuos no son iguales ante la Ley, y en el que la libertad de cátedra y de expresión está rigurosamente controlada por el Estado.

Dije también que la situación actual de Alemania se debe a una enfermedad psíquica de sus masas, y di algunas explicaciones sobre detalles de esta situación.

En un escrito (no destinado a la prensa) que entregué a la Liga Internacional de la Lucha Contra el Antisemitismo, pedía, a todos los individuos que aún permanecieran fieles a los ideales de una civilización en peligro, que hiciesen todo lo factible para que la psicosis de masas que reina de manera tan odiosa en Alemania no siga extendiéndose.

No habría sido difícil a la Academia conseguir el auténtico texto de mis declaraciones antes de pronunciarse de ese modo sobre mi persona. La prensa alemana las ha reproducido tendenciosamente, lo que era de esperar por otra parte dadas las condiciones en que hoy trabaja. Me declaro responsable de cada palabra publicada por mí. Pero espero también que la Academia, ya que se ha asociado a la campaña contra mi persona, haga llegar mis auténticas declaraciones a cada uno de sus miembros, así como al público ante el cual he sido difamado.

Dos cartas de la Academia Prusiana

1

Berlín, 7 de abril de 1933

Muy apreciado señor profesor:

Como secretario en servicio de la Academia Prusiana, acuso recibo de su notificación fechada el 28 de marzo, en la que renuncia a esta Academia. La Academia se ha dado por enterada de su renuncia en la sesión plenaria del 30 de marzo de 1933.

Si la Academia lamenta profundamente este hecho, este lamento se funda en el hecho de que una personalidad de un alto valor científico, a quien largos años de trabajo entre los alemanes y el hecho de pertenecer a la Academia hubieran debido integrar a la manera de ser y de pensar alemana, se haya adaptado actualmente en el extranjero a un círculo que -sin duda en parte por desconocimiento de las circunstancias y los hechos reales- ha repercutido negativamente en nuestro pueblo divulgando juicios falsos y suposiciones sin fundamento. Hubiéramos esperado de un hombre que perteneció tantos años a nuestra Academia que se hubiera puesto de parte de quienes defendieron al pueblo alemán de esas calumnias, independientemente de sus propias ideas políticas. ¡Qué fuerte hubiera sido su testimonio en favor del pueblo alemán en el extranjero, entre tantas sospechas en parte monstruosas y en parte ridículas! Que por el contrario, su testimonio pudiera ser utilizado por quienes odian al pueblo alemán, ha sido una dolorosa decepción para todos nosotros. En caso que no hubiéramos recibido su notificación de renuncia, esas declaraciones suyas hubieran conducido igualmente a su separación de la Academia.

Con nuestros mayores respetos,
von Ficker

2

11 de abril de 1933

La Academia hace saber al respecto que su declaración del 1.0 de abril de 1933 no se refiere no sólo a los informes de la prensa alemana sino sobre todo a los aparecidos en diarios extranjeros, sobre todo belgas y franceses, que no han sido recusados por el señor Einstein. Por otra parte se ha informado, entre otras cosas, de su declaración a la Liga Contra el Antisemitismo, ampliamente difundida en su forma literal, y en la que ataca el retorno alemán a la barbarie de tiempos ya reprimidos. Por lo demás, la Academia comprueba que si el señor Einstein, según su declaración, no ha participado en la propaganda difamatoria, tampoco ha hecho nada para contrarrestar las calumnias y difamaciones, como sería obligación, según lo ve la Academia, de una persona que es miembro de ella desde hace tantos años. Por el contrario, el señor Einstein ha hecho en el extranjero declaraciones que por tratarse de un hombre de reputación internacional tenían que ser utilizadas inevitablemente por quienes sienten un odio profundo, no sólo hacia el gobierno actual sino hacia la totalidad del pueblo de Alemania.

En representación de la Academia Prusiana de Ciencias

H. von Ficker-E. Heymann
Secretarios Perpetuos

Respuesta de Albert Einstein

Le Coq-sur-Mer, Bélgica, 12 de abril de 1933

Recibo vuestra carta del 7 de abril y deploro profundamente el estado de espíritu que forme de manifiesto.

En cuanto a los hechos, sólo puedo responder esto:

Vuestra afirmación respecto a mi postura no es sino otra forma de la declaración pública en que se me acusaba de participar en una campaña de propaganda difamatoria contra el pueblo alemán.

Repito lo dicho en la carta anterior: es una difamación.

También se menciona en ella que un «testimonio» mío en favor del «pueblo alemán» hubiera tenido amplia repercusión en el extranjero. A ello tengo que responder que el testimonio que exigen de mí sería la negación de esa justicia y esa libertad que he defendido toda mi vida. Además, no habría beneficiado como dicen ustedes al degradado pueblo alemán, hubiera beneficiado únicamente a aquellos que procuran suprimir las ideas y principios que han hecho que el pueblo alemán ocupe un dudoso puesto de honor en el mundo civilizado. Dicho testimonio sólo habría contribuido al terrorismo de las costumbres y a la aniquilación de los valores culturales.

Precisamente ha sido este el motivo que me impulsó a renunciar a la Academia. Y vuestro escrito me ratifica el acierto de mi decisión.

Una carta de la Academia Bávara de Ciencias

Munich, 8 de abril de 1933

Muy apreciado señor:

En su presentación a la Academia Prusiana de Ciencias usted fundamentó su renuncia al sitio que en ella ocupaba en las condiciones existentes de la Alemania actual. La Academia Bávara de Ciencias, que lo eligiera como miembro correspondiente hace algunos años, es también una Academia Alemana, con total solidaridad con la Academia Prusiana y otras. Por tanto, su separación de la Academia Prusiana no puede dejar de influir en sus relaciones con la nuestra.

Debemos preguntarle entonces cómo encara usted, después de lo sucedido con la Academia Prusiana, sus relaciones con nosotros.

La Presidencia
de la Academia Bávara de Ciencias

Contestación de Albert Einstein

Le Coq-sur-Mer, 21 de abril de 1933

Mi dimisión de la Academia Prusiana la basé en que bajo las actuales circunstancias no quiero ser ciudadano alemán ni depender de ninguna manera del Ministerio de Educación de Prusia.

Estos motivos no resolverían por sí solos mi relación con la Academia Bávara. Cuando deseo que mi nombre sea borrado de su lista de miembros, lo hago por otra razón: las Academias tienen ante todo el deber de ayudar y proteger la vida científica de un país. Por lo que sé, las corporaciones de científicos alemanes han tolerado sin una protesta que una parte significativa de científicos y estudiantes alemanes, así como de trabajadores que dependen de la instrucción académica, ¡se vean privados de su posibilidad de trabajo y hasta de vivir en Alemania! No quiero pertenecer a una Academia que permita esa postura, aún cuando lo haga presionada.

Respuesta a una invitación a participar en una manifestación

Estas líneas son la contestación a una invitación a participar en una manifestación francesa contra el antisemitismo alemán.

He reflexionado con minuciosidad, desde todos los ángulos, sobre esta petición que me alcanza al fondo del corazón. Y he decidido no participar en la manifestación por dos razones:

Ante todo sigo siendo ciudadano alemán, y segundo: soy judío. No olvido que he trabajado en instituciones alemanas y que siempre fui tratado como persona de confianza. Por mucho que lamente las cosas que ocurren en Alemania, por más que condene los horrores que se hacen en complicidad con el gobierno, no puedo participar personalmente en un acto organizado por miembros de un gobierno extranjero. Para que lo comprendan bien les ruego que imaginen a un ciudadano francés en una situación semejante, es decir, organizando con eminentes hombres políticos de Alemania una manifestación contra las decisiones del gobierno francés. Sé que considerarían (aún cuando reconocieran lo justo de la demanda) desleal esa actuación. Si Zola hubiera debido abandonar Francia en pleno affaire Dreyfus, no hubiera colaborado en una manifestación de autoridades alemanas, por muy justa que le hubiera parecido. Se hubiera limitado a sentirse avergonzado de sus compatriotas.

Siendo judío, considero que una protesta contra la injustícia y la violencia es de un valor incomparablemente mayor y es realizada por personalidades sólo movidas por un sentimiento de humanidad y de justicia. Pero yo, que en tanto judío considero hermanos a todos los judíos, sufro la injusticia que se comete contra cada uno de ellos como una injusticia hecha a mi propio cuerpo. No me toca juzgar, aguardo el juicio de los no directamente afectados.

Estos son mis motivos. Quiero añadir que siempre admiré y respeté el alto grado de sentimiento de justicia que es uno de los rasgos más hermosos de la tradición del pueblo francés.

Cuarta parte: Problemas judíos

Ideales judíos

La pasión por el saber en sí, el amor de la justícia hasta el fanatismo, y el afán por la independencia personal, expresan las tradiciones del pueblo judío, y por esto considero el ser judío como un regalo del destino.

Quienes desatan hoy sus odios contra los ideales de la razón y de la libertad individual, quienes por medio del terror quieren transformar a los seres humanos en estúpidos esclavos del Estado, creen que somos, con razón, sus enemigos irreconciliables. La historia ya nos ha impuesto muy terribles combates. Pero mientras defendamos ese ideal de la verdad, de la justicia y de la libertad continuaremos existiendo como uno de los pueblos civilizados más antiguos, pero sobre todo cumpliremos, dentro del espíritu de nuestra tradición, un trabajo creador para una regeneración de toda la humanidad.

¿Existe una concepción judía del mundo?

No creo que se pueda encontrar esa concepción, en el sentido filosófico de la palabra. El judaísmo trata casi exclusivamente de la moral, es decir, que analiza una conducta en y para la vida. El judaísmo encarna más las concepciones vivas en el pueblo judío que la suma de las leyes contenidas en la Thorá e interpretadas en el Talmud. Ambos, Thorá y Talmud representan para mí el testimonio principal de la ideología judía en tiempos de su historia antigua.

La esencia de la concepción judía de la vida creo que es la siguiente: afirmación de la vida de todos los seres. El sentido individual de una vida es volver la existencia de todos más bella y más placentera. La vida es sagrada, representa el valor supremo del que dependen todas las demás valoraciones. La sacralización de la vida ultra-individual trae consigo el respeto hacia todo lo espiritual: un aspecto especialmente característico de la tradición judía.

El judaísmo no es una fe. El Dios judío significa no solamente un rechazo de la superstición y un pretexto para su abolición. Es también un intento de basar el código moral en el temor, un intento lamentable, poco honroso. Creo sin embargo que la poderosa tradición moral del pueblo judío se ha desembarazado de ese temor. Está claro que «servir a Dios» es igual que «servir a los seres vivientes». Y ese es el objeto de la lucha de los mejores hijos del pueblo judío, sobre todo de los profetas y de Jesucristo.

El judaísmo no es por tanto una religión trascendente. Se ocupa únicamente de nuestra vida experimentable, comprensible. No está claro que pueda llamárselo «religión» en el sentido corriente de la palabra, ya que al judío no se le exige ninguna creencia, sino un cumplimiento de la vida en un sentido comunitario

La comunidad de los vivos es sentida hasta tal punto como un ideal, que los mandamientos que rigen la santificación del Sabbat, incluye expresamente a los animales. Más original se destaca todavía la solidaridad entre los humanos, y no es un azar si las reivindicaciones socialistas salieron sobre todo de judíos.

Cuán viva está entre los judíos la consciencia de sacralización de la vida, se expresa en lo que me dijo un día Walter Rathenau: «Cuando un judío dice que va de caza por placer, miente».

Cristianismo y judaísmo

Si se separa al judaísmo de los profetas, y al cristianismo tal como fue inculcado por Jesús de todos los agregados posteriores, en especial los de los sacerdotes, subsistiría una doctrina capaz de curar a la humanidad de todas sus enfermedades sociales.

Todo individuo de buena voluntad debe intentar, valerosamente, en su medida y en su ambiente, llevar esta doctrina del hombre perfecto a la práctica. Si lo logra sin que lo repudien o prohiban sus contemporáneos, tiene derecho a sentirse satisfecho de sí mismo y de su sociedad.

Comunidad judía. Discurso pronunciado en Londres

No me es fácil dominar el gusto por un retiro tranquilo. Pero el llamado de las sociedades ORT y OZE no podía ser pasado por alto. Pues es igual al llamado de nuestro pueblo judío, tan empecinadamente perseguido. Aquí estoy.

La situación de nuestro pueblo esparcido por el planeta es un barómetro de la moralidad que reina en el mundo político. ¿Qué más revelador de la clase de moral política y de cierto sentido de la justicia que la actitud de las naciones ante una minoría indefensa cuya singularidad consiste en salvaguardar una tradición cultural?

Este barómetro marca muy bajo en nuestros tiempos. Nuestro destino lo prueba trágicamente, así como la actitud de los individuos respecto a nosotros: debemos pues fortalecer nuestra comunidad. La tradición del pueblo judío consiste en una voluntad de justicia y de razón que sirve y ha servido al resto de los hombres, y que los servirá en el futuro. Spinoza y Karl Marx surgieron de esa tradición.

Quien quiera conservar el espíritu debe cuidar también al cuerpo que lo envuelve. La OZE sirve al cuerpo de nuestro pueblo en el sentido literal de la palabra. En Europa Oriental, donde el pueblo judío sufre una severa opresión económica, trabaja sin descanso. Mientras que la ORT procura hacer desaparecer una injusticia terrible que padecemos desde la Edad Media. Y es que entonces se prohibió a los judíos dedicarse a profesiones directamente productivas, obligándolo a lo puramente mercantil. En Europa Oriental la única forma de ayudar con eficacia al pueblo judío es abriéndole camino hacia nuevas profesiones. Y tal es el difícil campo en que trabaja, y no sin éxito, la sociedad ORT.

Ustedes, compatriotas ingleses, son invitados a colaborar con esta obra de gran aliento, continuando el trabajo creado por hombres superiores. Los últimos años, y hasta los últimos días, les han traído una decepción que les afecta muy especialmente. No se lamenten. Saquen de este hecho un motivo más para vivir y para mantener nuestra fidelidad a la causa de la comunidad judía. Creo de todo corazón que luchamos por objetivos que además son en beneficio de toda la humanidad. Y son éstos los que debemos considerar como principales.

Tengamos por presente asimismo en que la mejor fuente de lucha, de fuerza y de salud para cualquier comunidad son los obstáculos. La nuestra no hubiera sobrevivido si sólo hubiera tenido placeres. Nunca lo dudé.

Nos espera otro consuelo más hermoso aún. Nuestros amigos no son muchos en número pero entre ellos se encuentran hombres de una inteligencia y de un sentido moral de la justicia muy altos. Su interés primordial es ennoblecer la sociedad humana, y liberar a los individuos de toda opresión denigrante.

Estamos satisfechos y felices de tener hoy entre nosotros a hombres de esta naturaleza. No pertenecen al pueblo judío, y dan una solemnidad peculiar a esta noche memorable. Me alegro de ver frente a mí a Bernard Shaw y a H.G. Wells. Sus concepciones de la vida siempre me han atraído.

Usted, señor Shaw, ha logrado ganarse la admiración y un gozoso afecto por parte del público siguiendo un camino que para otros habría sido inconcebible seguir. No sólo ha predicado la moral a la humanidad sino que se ha burlado de todo lo que parecía intocable. Lo que usted ha realizado sólo puede hacerlo un artista. Usted extrajo de su caja mágica innumerables figurillas que parecen humanas, y las moldeó no de carne y hueso sino de ingenio, inteligencia y gracia. Y se parecen tanto más a los humanos que nosotros mismos, hasta el punto que uno llega a olvidarse de que no son obra de la naturaleza sino suya. Usted mueve a esas figurillas en su pequeño microcosmos regido por la gracia, que impide todo rencor. Quien haya observado ese universo minúsculo descubre el nuestro real bajo otras luces. Nota que sus figurillas se deslizan entre los individuos reales con tanta habilidad que éstos cobran de pronto otro aspecto, muy distinto del anterior. Y mostrándonos el espejo nos enseña usted a liberarnos como casi ninguno de nuestros contemporáneos consiguió hacerlo. Es así como ha logrado librar a la existencia de un poco de su terrestre aburrimiento. Nosotros lo agradecemos desde el fondo del corazón, y felicitamos a la suerte que nos dio a un médico del alma, a un liberador en medio de nuestras dolorosas enfermedades. Personalmente, le agradezco las palabras inolvidables que dirigió a mi ¿¿¿sosias???, que me complica mucho la vida con su impasible grandeza, tanhonorífica, pero que en el fondo es un muchacho inofensivo.

A ustedes, hermanos judíos, vuelvo a repetirles: la existencia y el destino de nuestro pueblo dependen menos de factores externos que de conservar la fidelidad a nuestra tradición moral, que durante siglos nos mantuvieron vivos pese a las tremendas tempestades que desataron sobre nosotros. Sacrificarse en pro de la vida se convierte en un regalo.

Antisemitismo y juventud académica

Mientras vivimos en el gueto pertenecer al pueblo judío pudo traer conmigo problemas materiales y hasta a menudo peligros físicos, pero en cambio quizás implicó problemas sociales o psíquicos. Con la emancipación esto se modificó, especialmente para los judíos que eligieron profesiones intelectuales.

El joven judío en el colegio y en la universidad está bajo la influencia de una sociedad de estructura nacional, a la que admira y respeta, y de la que recibe el acervo intelectual. Se siente parte de ella y es al mismo tiempo tratado en ella como extranjero y hasta con desdén y aversión. Llevado sobre todo por la influencia sugestiva de la primacía intelectual más que por fines utilitarios, olvida supueblo y sus tradiciones y se cree definitivamente integrado a los otros, mientras trata de disimular, a sí mismo y a los demás, pero inútilmente, que su conversión es unilateral. ¡He aquí la historia del funcionario judío converso, hoy como ayer digno de toda la lástima! En la mayoría de los casos no lo mueve ni la debilidad moral ni el arribismo, sino la influencia de un entorno más fuerte por el número y por la presión ambiental. Sin lugar a dudas gran número de hijos del pueblo judío contribuyó en inmensa medida al progreso de la civilización europea, pero fuera de algunas excepciones, ¿su conducta no fue ésta?

Como en toda enfermedad psíquica el remedio reside en un conocimiento claro de la naturaleza y de las causas del mal. Tenemos que tener clara nuestra condición de forasteros y sacar consecuencias de ella. No tiene sentido tratar de convencer a los demás mediante raciocinios de nuestra identidad espiritual e intelectual con ellos. Pues las raíces de su comportamiento no se encuentran en el cerebro. Tenemos que liberarnos socialmente, traer nosotros mismos una solución a nuestras necesidades sociales. Debemos constituir nuestras propias asociaciones estudiantiles y guardar hacia los no judíos una distancia cortés y razonable. Queremos vivir según nuestras costumbres, sin imitarlas de estudiantes aficionados al vino y pendencieros. Nada de eso nos interesa. Se puede representar a la cultura europea, ser un buen ciudadano y no dejar por eso de ser un judío fiel. No lo olvidemos, obremos en consecuencia y el problema del antisemitismo quedará resuelto, al menos en lo que a nosotros se refiere.

1

Hace diez años experimenté el gozo de visitarlos por primera vez. Era para fomentar la idea de sionismo, y casi todo estaba en estado de proyecto para el futuro. Hoy podemos volvernos y contemplar esos diez años con satisfacción. Porque durante ellos los esfuerzos coordinados de todo el pueblo judío consiguieron poner en pie en Palestina un bellísimo trabajo de reconstrucción, mucho mayor que todo lo que pudimos esperar entonces.

Hemos superado además y con éxito la dura prueba que nos impusieron los acontecimientos de los últimos años. El trabajo dirigido a una meta noble lleva siempre al éxito. Las últimas declaraciones del gobierno inglés significan la vuelta a una concepción más justa de nuestra situación: lo reconocemos con agradecimiento.

Pero no hay que olvidar la lección de esta crisis: establecer una cooperación satisfactoria entre árabes y judíos no es problema inglés sino nuestro. Nosotros, es decir judíos y árabes, nosotros mismos tenemos que ponernos de acuerdo respecto a las exigencias de ambos pueblos para una vida comunitaria. Una solución justa y satisfactoria para las dos partes debe basarse en esta convicción: el objetivo capital y espléndido cuenta tanto como el trabajo mismo. Pensemos en el ejemplo de Suiza, que representa un grado superior en el desarrollo del Estado precisamente porque está formada por varios grupos nacionales.

Queda mucho por hacer, pero uno de los puntos más deseados por Herzi ya se ha cumplido. El trabajo por Palestina ha ayudado al pueblo judío a encontrar la solidaridad y el optimismo necesarios para toda vida sana de una organización. Quién quiera verlo, lo tiene ante los ojos.

Todo cuanto hagamos por la obra común revertirá no sólo en bien de nuestros hermanos de Palestina sino en lamoral y la dignidad de todo el pueblo judío.

2

Nos hemos reunido hoy para recordar a una comunidad milenaria, sus problemas y su futuro. Es una comunidad de tradición moral, que en momentos de tribulación demostró siempre su entereza y su amor a la vida. De ella han salido personalidades que encarnaron la conciencia del mundo occidental, y que defendieron la dignidad humana y la justicia.

Mientras esta comunidad nos importe, se perpetuará para salud de la humanidad, aunque su organización no sea formal. Hace algunas décadas hombres de claro entendimiento, como Herzi, pensaron que teníamos necesidadde un centro espiritual desde el cual mantener el sentimiento de solidaridad en los tiempos más difíciles. De allí surgió la idea sionista y la obra de asentarse en Palestina, cuya realización, o al menos cuyo prometedor comienzo salta a la vista.

He visto con satisfacción y alegría hasta qué punto ella contribuye al saneamiento del pueblo judío. Minoritario dentro de las naciones que habita, éste está expuesto no sólo a dificultades extremas sino a peligros íntimos de tipo psicológico.

Durante los últimos años la obra de construcción conoció una crisis que afectó gravemente a todos, y todavía no ha sido superada. Pero las últimas noticias demuestran que el mundo, y en particular el gobierno inglés, están dispuestos a reconocer lo que significa nuestra búsqueda de la meta sionista. En este mismo momento tenemos un pensamiento de gratitud hacia Weizmann, que ha permitido el éxito de la causa por una devoción y una prudencia totales.

Las dificultades generaron también consecuencias benéficas. Han ratificado el poder de los lazos que unen a los judíos de todos los países, sobre todo en cuanto concierne a nuestro destino. Han aclarado nuestro modo de ver el problema palestino, limpiándolo de las impurezas de una ideología nacionalista. Quedó claramente proclamado que nuestro objetivo no es la creación de una comunidad política, sino que conforme a la tradición del judaísmo, es una meta cultural en el sentido más amplio de la palabra. Para lograrlo debemos resolver con nobleza, abierta y dignamente, el problema de la convivencia con el pueblo hermano de los árabes. Es la ocasión de probar lo aprendido a través de milenios en nuestro dificultoso pasado. Si descubrimos el recto camino triunfaremos, y podremos ofrecer un hermoso ejemplo a todos los pueblos.

Lo que hacemos por Palestina lo hacemos también por la honra y la moral de todo el pueblo judío

3

Me alegra tener la oportunidad de poder pronunciar unas palabras a la juventud de este país fiel a los objetivos del judaísmo. No os dejéis desanimar por las dificultades con que hemos tropezado en Palestina. Situaciones como esa sirven de experiencia indispensable para el crecimiento de nuestra comunidad.

Hemos criticado con justicia algunas medidas adoptadas por el gobierno inglés. No nos debe bastar con esto sino que debemos extraer una lección de ellas.

Especial atención merecen nuestras relaciones con el pueblo árabe. Fomentándolas podremos evitar en el futuro el crecimiento de tensiones peligrosas, que podrán ser utilizadas para provocar ataques de nuestros enemigos. Es una meta fácil de alcanzar ya que nuestra tarea se ha dirigido de modo que favorezca también a los árabes.

De tal modo conseguiremos evitar esa situación que tan catastrófica resulta para unos como para los otros de tener que recurrir al arbitraje de la potencia mandataria. Manteniéndonos en este espíritu seguiremos la voz de la sabiduría, pero también la voz de las tradiciones que dan sentido y fuerza a la comunidad judía. Pues esta comunidad no es política ni debe llegar a serlo. No existe más que como fuerza moral. Y sólo en esa tradición puede encontrar nueva energía. Sólo en esa tradición tendrá razón de ser.

4

Hace dos milenios que la única propiedad del pueblo judío es su pasado. Este pueblo disperso por el mundo estaba unido por un solo lazo: su tradición, cuidadosamente guardada. Es cierto que como individuos muchos judíos han creado obras importantes dentro de la cultura. Pero el pueblo judío como conjunto parecía carecer de la fuerza necesaria para una gran empresa colectiva.

Todo ha cambiado en la actualidad. La historia nos ha atribuido un noble trabajo, que es la construcción de Palestina entre todos. Compañeros fuera de lo común están trabajando ya con todas sus fuerzas en la materialización de este objetivo. Se nos ofrece la posibilidad de instalar focos de civilización que el pueblo judío entero pueda contemplar como su propia obra. Tenemos la profunda esperanza de establecer en Palestina un lugar para las familias y para una civilización nacional propia, que permita despertar el Cercano Oriente a una vida económica e intelectual.

La meta de los líderes sionistas no es política sino social y cultural. La vida comunitaria deberá ser una aproximación al ideal social de nuestros antepasados, tal como nos lo muestra la Biblia, pero al mismo tiempo deberá ser una ciudad de vida intelectual moderna, un centro intelectual para los judíos de todo el mundo. La fundación de una universidad judía en Jerusalén representa, dentro de esta concepción, uno de los fines primordiales de la organización sionista.

En los últimos meses viajé a Estados Unidos para ayudar a constituir la vida material de esta universidad. El éxito de la campaña surgió de ella misma. Gracias a la actividad incansable y la generosidad sin límites de los médicos judíos, recogimos medios suficientes para emprender la construcción de una facultad de medicina y empezamos de inmediato los trabajos preparatorios para ello. Si juzgamos por los resultados actuales, es indudable que conseguiremos las estructuras materiales para realizar otras facultades, y eso muy pronto. La facultad de medicina estará creada sobre todo como un Instituto de Investigación. Actuará en forma directa para el saneamiento del país, función indispensable en la tarea.

La enseñanza de alto nivel se desarrollará más tarde. Se cuenta ya con un número de sabios capaces de asumir la responsabilidad de una cátedra en la universidad, de modo que la fundación de una facultad de medicina no ofrece dificultades. Quiero hacer constar sin embargo que se ha previsto para la universidad un fondo completamente independiente, separado de los capitales necesarios para la construcción del país. Durante los últimos meses y gracias al esfuerzo incansable del profesor Weizmann y de otros jefes sionistas de América, han podido reunirse sumas muy importantes debidas sobre todo a donaciones de la clase media. Concluyo con un llamada intensa a los judíos alemanes. Que a pesar de la terrible situación económica actual contribuyan con todas sus fuerzas a la creación de un hogar judío en Palestina. No es una obra de caridad sino algo que concierne a todos los judíos. Su consecución será para todos la ocasión de una alegría imposible de manifestar.

5

Palestina no representa para nosotros, judíos, una obra de caridad o una empresa de tipo colonial, sino un problema trascendental del interés de todo nuestro pueblo. Y antes que nada: Palestina no es un refugio para los judíos orientales, sino la materialización resurrecta del sentimiento de comunidad nacional de todos los judíos. ¿Será oportuno y necesario reforzar ese sentimiento de comunidad? Es una pregunta a la que no quiero contestar guiado por un movimiento reflejo: daré razones de peso.

Y digo sí, sin reservas. ¡Analicemos rápidamente el desarrollo de los judíos alemanes durante los últimos cien años! Hace un siglo nuestros antepasados vivían, salvo raras excepciones, en el gueto. Eran pobres, carecían de derechos políticos, y estaban apartados de los no judíos por una serie de tradiciones religiosas, de conformismo, y de jurisdicciones limitatorias. Incluso en su vida intelectual se atenían a los límites de su propia literatura. Se encontraban poco o superficialmente enterados del poderoso impulso que la vida intelectual de Europa había ofrecido a partir del Renacimiento. Pero nos llevaban ventaja en un punto: cada uno pertenecía por entero a la comunidad de la que se sentía miembro. Vivía y se expresaba dentro de una comunidad que no le exigía nada que fuera ajeno a su modo natural de pensar. Nuestros antepasados de ese tiempo aparecían hasta atrofiados física o intelectualmente, pero socialmente tenían un codiciable equilibrio moral.

Entonces llegó la emancipación. Trajo de pronto al individuo impensables posibilidades de superación. Cada cual conseguía por sí ubicarse en las capas sociales y económicas más altas. Habían asimilado de manera minuciosa las conquistas creadas por el arte y la ciencia de Occidente. Participaban con fervor en ese impulso, creando a su vez, ellos mismos, obras de valor perecedero. Pero adoptaron las formas exteriores del mundo no judío para ello, y paso a paso fueron apartándose de sus tradiciones religiosas y sociales, incorporándose costumbres, hábitos y modos de pensar extraños al mundo judío. Podía creerse que se asimilarían completamente a los pueblos entre los cuales vivían, más numerosos en cantidad y mejor organizados cultural y políticamente; podía parecer que a las pocas generaciones no subsistirá nada del mundo judío. Pareció inevitable una desaparición completa del pueblo judío en Europa Central y Occidental.

Pero nada de eso ocurrió. Los instintos de las nacionalidades diferentes parecerían frenar esa fusión completa, la adaptación de los judíos a los pueblos europeos entre los que vivían, a sus idiomas, a sus costumbres, y hasta, en parte, a sus formas religiosas, no logró disipar esa sensación de ser extranjero que se mantiene entre el judío y las comunidades europeas de las que somos huéspedes. En última instancia, ese innato sentimiento de extranjería constituye la base del antisemitismo. Y ningún tratado, por mejores intenciones que ofrezca, conseguirá extirparlo del mundo. Pues las nacionalidades no quieren mezclarse, quieren seguir sus destinos. Y sólo la comprensión y la indulgencia recíprocas logran instaurar situaciones de paz.

Es ésta la razón por la que importa que los judíos retomemos conciencia de nuestra existencia como nacionalidad, y que volvamos a recuperar ese amor propio necesario para una vida plena. De nuevo tenemos que aprender a interesarnos paulatinamente por nuestros antepasados, por nuestra historia, y como pueblo asumir misiones que subrayen nuestro sentimiento de comunidad. No basta que contribuyamos corno individuos en el progreso de la humanidad, sino que asumamos esos problemas propios de las comunidades nacionales. Tal es la situación para un judaísmo que se precie otra vez de social.

Los invito y les suplico que consideren el movimiento sionista desde ese punto de vista. La Historia nos ha encomendado la reconstrucción cultural y económica de nuestra tierra de origen. Seres humanos pletóricos de esperanzas y de ilusión nos han preparado la tarea, y muchos son los compañeros dispuestos a colaborar activamente en ella. ¡Qué cada uno de ustedes pueda comprender su importancia, y aportar todas sus fuerzas para que se hagan realidad

Palestina Trabajadora

Entre las organizaciones sionistas, Palestina Trabajadora es la que favorece de forma más directa a los individuos que logran transformar con sus manos el desierto en florecientes colonias. Estos trabajadores voluntarios son la élite de la juventud judía, hecha de seres conscientes y desinteresados. No se trata de trabajadores sin calificación que vendan su fuerza física, sino de gente culta y libre cuya lucha pacífica sobre una tierra abandonada beneficia a todo el pueblo judío, ya directa como indirectamente. Suavizar en lo posible la dureza de su destino será salvar vidas humanas especialmente valiosas. Pues la lucha de los primeros colonos sobre un suelo todavía no saneado es una serie de esfuerzos rudos y peligrosos y una abnegación personal completa. Sólo quién los haya visto puede llegar a entender lo justo de esta aserción. Y mencionemos también como ayuda de esa empresa benéfica la de los individuos que se esfuerzan por una mejora de sus herramientas y utensilios.

Estos trabajadores serán también los únicos que puedan establecer relaciones sinceras con el pueblo árabe. Objetivo político que es el principal del sionismo. Pues las administraciones se instalan y marchan. Pero en cambio las relaciones humanas constituyen la etapa decisiva de la vida de los pueblos. De forma que una ayuda a Palestina Trabajadora será también el cumplimiento de una política humana y respetuosa en Palestina, y un combate eficaz contra esas oleadas de nacionalismo retrógrado y egoísta que llenan el mundo de hoy acarreando hasta el pequeño mundo de la Construcción de Palestina.

Renacimiento judío
Una llamada al «Keren Hajessod»

Los enemigos fundamentales de la conciencia y de la dignidad judías son esa degeneración del sentimiento judío por la riqueza, por el bienestar, por una especie de dependencia íntima del mundo no judío, fomentados por el relajamiento de la comunidad. Lo mejor del ser humano puede prosperar únicamente si se desenvuelve dentro de la comunidad. ¡Qué enorme es pues el peligro moral en que se encuentra el judío! Ha perdido el contacto con su pueblo y es visto como extranjero entre los pueblos que lo hospedan. Consecuencia de esta situación suele ser un egoísmo opaco, despreciable.

Ahora bien, la presión externa a que el pueblo judío se ve sometido en estos días es particularmente extraordinaria. Y este flagelo nos cura. Ha logrado la reaparición de la vida comunitaria judía en un grado que no podría haber imaginado la penúltima generación. Gracias al resurgir del sentimiento de compañerismo entre los judíos, iniciado pese a tantos obstáculos de apariencia insalvable, la colonización de Palestina, dirigida por jefes juiciosos y rendidos a la causa, comienza a dar resultados tan buenos que ya no es posible dudar del éxito final. Para los judíos de todo el mundo la importancia de esta obra se manifiesta de primer orden. Palestina será para los judíos un lugar de cultura, para los perseguidos un refugio, para los mejores de nosotros un campo de acción. Para los judíos del mundo entero encarnará un ideal de unidad, una forma de renacimiento.

Carta a un árabe

15 de marzo de 1930

Me ha animado mucho su carta. Pues demuestra que tiene usted la buena voluntad necesaria para que nuestros pueblos resuelvan favorablemente los problemas recíprocos. Son dificultades que parecen de naturaleza más bien psicológica, y que pueden resolverse si hay por ambas partes un honrado espíritu de buena voluntad.

Nuestra situación actual es desfavorable, ya que los pueblos judío y árabe se enfrentan como recíprocos enemigos ante la potencia mandataria. Tal circunstancia perjudica a ambas naciones, y sólo puede remediarse si, entre nosotros, buscamos las propuestas en que ambos pueblos puedan converger.

Tengo una opinión sobre la manera de realizar este proceso. Le anuncio que es una opinión privada, y que no la he consultado todavía con nadie.

Crear un «Consejo Secreto», al que judíos y árabes delegaran por separado cada uno cuatro representantes, absolutamente independientes de todo organismo político.

Así, de una y otra parte, el Consejo se compondría de: un médico, elegido por las Asociaciones de Médicos; un jurista, elegido por los abogados; un representante obrero, elegido por los sindicatos; un intelectual, elegido por los intelectuales.

Estas ocho personas tendrían que reunirse una vez por semana. Se comprometerían por juramento a no servir los intereses de su profesión ni de su nación, sino a buscar en conciencia las necesidades de toda la población. Las discusiones serían secretas y no podría informarse sobre ellas ni en privado.

Si se tomara una decisión que contara con la aceptación de por lo menos tres miembros de cada parte, sería puesta en conocimiento en nombre de todo el Consejo. Si uno de los miembros no acepta la decisión, podrá dejar el Consejo pero sin quedar desligado de la obligación del secreto. Si uno de los grupos ya citados, electores de representantes, se considera insatisfecho por una resolución del Consejo, puede sustituir a su representante por otro.

Aun cuando el «Consejo Secreto» no tenga competencia específica, puede limar las asperezas y puede hacer aparecer ante la potencia mandataria una representación de los intereses del país, opuestos a la política, a corto plazo.

Sobre la necesidad del sionismo

Carta al profesor doctor Helipach, ministro de Estado

He leído su artículo sobre el sionismo, y su ponencia en el congreso de Zurich. Me siento en la necesidad de contestarle, aunque brevemente, como lo haría cualquier convencido de la idea del sionismo.

Los judíos constituyen una comunidad de sangre y de tradición, en la que la tradición religiosa no es el único lazo. Esto lo demuestra ante todo el comportamiento del resto de la gente hacia los judíos. Cuando llegué a Alemania, hace quince años, descubrí por primera vez que era judío, y ese descubrimiento provino de los no judíos más que de los judíos.

La tragedia del judío consiste en esto: son personas de un grado evidente de evolución que carecen de una comunidad que los reúna. La consecuencia es una inseguridad que puede conducir a una gran fragilidad moral en los individuos. La experiencia me ha demostrado que el único modo de salvar al pueblo judío es, con ayuda de todos los judíos del mundo, el establecer una comunidad viva, de la que cada judío se sienta parte, lo que permitirá resistir el odio y la humillación con que se topa en todas partes.

He sido testigo de la transformación mimética de judíos de primer orden, y esa visión me hirió profundamente el corazón. He visto cómo la escuela, las revistas satíricas y los innumerables factores culturales de una mayoría no judía carcomían el sentimiento de dignidad hasta en los mejores de mis hermanos de raza y he sentido que esto no podía seguir así.

He aprendido por experiencia que solamente una creación conjunta que provoque el entusiasmo de todos a los judíos del mundo entero podría sanar a ese pueblo enfermo. Fue una gran idea de Herz la de pensar y luego luchar con toda energía por la creación de un Hogar o, para referirnos con mayor claridad, de un centro en Palestina. Era una obra que demandaba todas las energías. Y se inspiró en las tradiciones del pueblo judío.

Usted denomina a esto nacionalismo, y no sin cierta razón. Pero un trabajo de todos para formar una comunidad fuera de la cual no podemos vivir ni morir en este mundo hostil puede denominarse siempre con esa palabra espantosa. Si a caso será un nacionalismo que no busca el poder, sólo la dignidad y la salud moral. Si no estuviéramos obligados a vivir entre seres humanos intolerantes, mezquinos y violentos, sería yo el primero en rechazar todo nacionalismo con vistas a una comunidad humana universal.

El reparo de que si los judíos queremos ser «nación» no podremos ser ciudadanos normales de un Estado, por ejemplo el alemán, revela un desconocimiento de la naturaleza del Estado, fundando su existencia a partir de la intolerancia de una mayoría nacional. Nunca estaremos protegidos de esa intolerancia, así nos llamemos «pueblo», «nación» o lo que sea.

He dicho lo que pienso en forma breve, desnuda y brutal; pero a través de sus escritos lo reconozco como alguien que no se fija en la forma sino al fondo.

¡Salud al individuo que atraviesa la vida presto a ayudar, ignorando el miedo, libre de toda agresividad y de todo resentimiento! De tal forma están fabricados los creadores de ideales, los que consuelan a la humanidad en las desventuras que ella misma se forja.

El esfuerzo por aglutinar sabiduría y acción se consigue pocas veces, y es poco duradero.

Por lo general, el individuo evita atribuir inteligencia a otro, salvo que se trate de un enemigo.

Pocos son capaces de forjarse una opinión independiente de los prejuicios del entorno y de expresarla con equilibrio. La mayoría suele ser incapaz de alcanzar hasta los prejuicios.

La primacía de los tontos es insuperable y está garantizada para todas las épocas. El terror de esa tiranía se mitiga por su ineficacia y sus consecuencias.

Para ser miembro intachable de un rebaño de ovejas, es necesario primero ser oveja.

Los contrastes y las contradicciones que pueden anidar a la vez en una corteza cerebral hacen caer cualquier sistema político optimista o pesimista.

Quien pretende aparecer como una autoridad en el campo de la Verdad y del Conocimiento se pone en ridículo ante los dioses.

La alegría de contemplar y conocer es el regalo más hermoso de la Naturaleza.

Quinta parte: Estudios científicos

Los principios de la investigación Discurso en el 60° cumpleaños de Max Planck

El Templo de la Ciencia es una multiforme construcción. Los individuos y las fuerzas espirituales que lo frecuentan son muy diversos. Unos poseen la sensación gozosa de ejercitar su fuerza intelectual; la Ciencia es para ellos únicamente el deporte más idóneo para satisfacer sus energías vitales y saciar su ambición. Otros entran allí inclinados a ofrendar su materia gris al servicio de metas utilitarias. Si un ángel del Señor apareciera y expulsara del Templo a todos los que pertenecen a esas dos categorías es posible que quedara casi vacío. Permanecerían unos pocos, de hoy y de ayer. A ellos pertenece nuestro Planck, y por eso lo estimamos.

Tengo entendido que acabamos de expulsar a personajes de gran valía, tanto por su corazón como por su sabiduría, personajes que no sólo han engrandecido sino probablemente construido la mayor parte del Templo. A causa de ellos nuestro ángel encontraría terribles algunas de sus decisiones. Pero de una cosa estoy seguro: si sólo hubiera habido hombres como los que acabamos de expulsar, el Templo no existiría, tal como no puede existir un bosque levantado sólo de plantas trepadoras. Pues estos hombres en realidad pueden satisfacerse en las arenas donde se desarrollan las actividades normales de la humanidad: que se hagan ingenieros, oficiales, tenderos o científicos depende sólo de factores externos. Volvamos ahora nuestra mirada hacia aquellos que el ángel perdonó. Extravagantes, ensimismados, solitarios en su mayoría, se parecen sin embargo menos entre sí que todos los del grupo expulsado. ¿Qué los condujo al Templo? La respuesta no es fácil, ni puede ser idéntica para todos.

Ante todo, creo con Schopenhauer que una de las razones más poderosas que impulsan al individuo hacia el arte y la ciencia es una huida de la rutina cotidiana con su torpeza dolorosa y su desértico desconsuelo, es cortar el lazo de nuestros deseos siempre cambiantes. Es el intento de afinar las cuerdas de su existencia personal saliendo al mundo de la observación y la comprensión objetivas. Son razones semejantes al deseo con que el habitante de la ciudad ruidosa y complicada tiende irresistiblemente hacia el alto paisaje de montaña, donde la mirada se explaya cruzando la pura quietud del aire, y se pierde en las reposadas perspectivas que parecen creadas para la eternidad.

A estas razones negativas se añade una positiva. El ser humano procura formarse una imagen adecuada y fácilmente aprehensible del mundo, con el fin de sobreponerla a la experiencia de la realidad, sustituyéndola hasta cierto grado por ella. Esto hacen, cada uno a su modo, el pintor, el poeta, el filósofo y el investigador de la naturaleza. Hacia esta imagen y su elaboración desplazan lo principal de su vida sensible, buscando así la paz y la seguridad que no pueden hallar en el círculo demasiado estrecho de su agitada experiencia personal.

¿Qué posición ocupa la imagen del mundo del físico teórico entre todas éstas? El físico se exige ante todo rigor y exactitud en la elaboración de los informes, lo cual sólo le es permitido por el uso del lenguaje matemático. Pero para ello debe medirse en cuanto al acopio del material que abarca, y darse por contento si reconstruye los hechos más sencillos, ya que los más complejos en cuanto a causas y consecuencias pueden ser reproducidos por el intelecto humano sin la exactitud del físico. Mayor nitidez, claridad y certeza a expensas del conjunto. Y ¿qué atracción puede tener entonces la comprensión de un retazo tan pequeño de Naturaleza, dejando de lado cobardemente todo lo más sutil y complejo? ¿Puede darse el altivo nombre de «Imagen del Mundo» a tan sufrido esfuerzo?

Creo que el altivo nombre resulta idóneo, pues las leyes generales en que se basan las construcciones del pensamiento de la física teórica se proclaman válidas para valorar todos los fenómenos de la Naturaleza. Con ellas deberían poder demostrarse mediante los caminos de la deducción pura todos los fenómenos de la Naturaleza, si no fuera que tales procesos de deducción están por encima de la capacidad intelectual de los individuos. La renuncia de una imagen física del mundo en su totalidad no es, pues, una renuncia de principio. Es una alternativa, un método.

La tarea principal del físico es pues abocarse a encontrar, mediante la pura deducción, esas leyes elementales, lo más generales posible, con que configura su imagen del mundo. No hay camino lógico que conduzca a estas leyes fundamentales. Debemos dejarnos llevar por la intuición, que se basa en una sensación de la experiencia. Podría pensarse, a causa de esta inseguridad del método, que hay muchos sistemas posiblemente arbitrarios en la física teórica, y esa sería una opinión que se justifica plenamente. Pero la experiencia demuestra que de todas las construcciones pensables hay una única superior y digna de ser tenida en cuenta. Nadie que haya profundizado de veras en esto podrá negar que el sistema teórico ha sido prácticamente determinado por el mundo de las suposiciones pese a que no existe camino lógico alguno que conduzca desde éstas hasta las leyes fundamentales. Esto es lo que Leibnitz denominó con la feliz expresión de «armonía preestablecida». No tenerlo suficientemente en cuenta es la grave recriminación que los físicos hacen a algunos teóricos del conocimiento. Creo que las raíces de la polémica que tuvieron hace unos años Mach y Planck son ésas.

La esperanza en la visión de aquella «armonía preestablecida» es la fuente de la incansable perseverancia y paciencia con que Planck se consagra a los problemas más generales de la Ciencia, sin dejarse desviar por metas más gratificantes y más fáciles de conseguir. Frecuentemente he oído atribuir este comportamiento a una fuerza de voluntad y a una disciplina fuera de lo común. Yo no lo opino así.

El sentimiento que sostiene esta capacidad es el mismo del religioso, el mismo del enamorado: la búsqueda cotidiana no nace de ningún plan ni de programa alguno, nace de una necesidad inmediata.

Aquí sentado, nuestro querido Planck se sonríe interiormente de mi pueril ir y venir con la linterna de Diógenes. Nuestra simpatía por él no necesita de argumentaciones inconexas. Que el amor por la Ciencia embellezca también el camino de su vida futura, y le conduzca a resolver el problema más importante de la Física actual, planteado por él mismo: ¡ojalá pueda unificar en un sistema homogéneo la teoría cuántica con la electrodinámica y la mecánica!

Principios de la física teórica

Discurso inaugural ante la Academia Prusiana de Ciencias

Muy distinguidos colegas:

Reciban ante todo mi profundo agradecimiento por haberme honrado con la mayor distinción a que pueda aspirar un hombre como yo. Al acogerme en esta Academia han permitido que me dedique por completo al estudio científico, libre de las preocupaciones y emociones que comporta una profesión práctica. No duden de mi gratitud y de mi dedicación total a mi tarea, aun cuando los frutos de mis esfuerzos puedan parecerles mínimos.

Permítanme que haga algunas observaciones generales sobre la posición de mi área de trabajo, la física teórica, en relación con la física experimental. Un amigo matemático me decía medio en chanza hace poco tiempo: «El matemático sabe, por supuesto, pero no sabe lo que le preguntamos en un momento determinado». Lo mismo ocurre con el físico teórico cuando es cuestionado por el físico experimental. ¿A qué se debe esta especial falta de sincronía?

El método del teórico se basa en la emisión de unas hipótesis generales de base, denominadas principios, a partir de los cuales podrá deducir resultados. Su tarea consiste, pues, en: primero, hallar esos principios, y segundo, sacar deducciones. Para llevar a cabo la segunda parte recibe en la escuela los instrumentos necesarios. Por lo tanto, una vez resuelta la primera parte de su tarea en un campo determinado de actividad, o en un conjunto de actividades determinado, tendrá indudablemente éxito de su trabajo si se esfuerza y razona con perseverancia. Pero lo más importante, es decir encontrar los principios que deben servir de base a las deducciones, se presenta bajo aspectos muy distintos. Para esta parte de la tarea no existe método alguno sistemáticamente aplicable que pueda ser aprendido y que nos conduzca a la meta. El investigador debe intentar que estos principios sean un fiel calco de la Naturaleza, aprendiendo determinadas características de los hechos experimentales más complejos que puedan ser formulados con rigor.

Una vez realizada esta formulación, se inicia el desarrollo de las consecuencias, que revelan frecuentemente relaciones jamás pensadas, y que van mucho más allá de los hechos a partir de los cuales se han formulado los principios. Pero hasta que no se hayan encontrado los principios que servirán de base a la deducción, los hechos de la experiencia individual no sirven al teórico. Es más, no puede ni tan sólo hacer uso de leyes más generales descubiertas empíricamente. Debe, mejor, reconocer su impotencia frente a los resultados elementales de la investigación empírica, hasta que no haya descubierto los principios a partir de los que podrá desarrollar deducciones lógicas.

En una situación semejante se encuentra actualmente la teoría con respecto a las leyes de la radiación térmica, y del movimiento molecular a bajas temperaturas. Hace tan sólo quince años nadie dudaba de que la mecánica de Galileo-Newton aplicada a los movimientos moleculares y la teoría de Maxwell sobre el campo magnético permitieran llegar correctamente a la representación exacta de las propiedades eléctricas, ópticas y térmicas de los cuerpos. Entonces Planck demostró que, para formular una ley sobre la radiación térmica basada sobre la experiencia, había que emplear un método matemático cuya incompatibilidad con los principios de la mecánica clásica se hacía cada vez más notorio. Por medio de este método matemático, Planck introdujo en la Física la célebre hipótesis cuántica, que desde entonces no ha hecho más que afirmarse. Con la hipótesis cuántica subvertía de tal manera la mecánica clásica en el caso de que masas suficientemente pequeñas se desplazaran a velocidades suficientemente bajas, con aceleraciones lo bastante notables, que ahora no podemos considerar las leyes del movimiento establecidas por Galileo-Newton más que como leyes para situaciones límite. Pero a pesar de la incansable actividad de los teóricos, todavía no se ha logrado sustituir los principios de la mecánica que satisfacen la ley de radiación térmica, o la hipótesis cuántica de Planck. Aunque estemos totalmente seguros de poder atribuir el calor al movimiento molecular, debemos confesar que, frente a las leyes fundamentales de este movimiento, nos encontramos en una posición parecida a la de los astrónomos anteriores a Newton frente a los movimientos de los planetas.

Acabo de mencionar a hechos no reductibles a estudio teórico por falta de principios básicos. Del mismo modo, puede darse el caso de que principios lógicos formulados con claridad conduzcan a conclusiones que caigan fuera, en su totalidad o parcialmente, del ámbito de hechos actualmente accesibles a nuestra experiencia. En este caso, la tarea de investigación empírica puede tardar muchos años en descubrir si los principios de la teoría responden a la realidad. Este es el caso de la teoría de la relatividad.

Un análisis de los conceptos fundamentales de tiempo y espacio nos ha revelado que el principio de la constancia de la velocidad de la luz en el vacío, que se deduce mediante la óptica de los cuerpos en movimiento, no nos obliga a aceptar la teoría del éter inmóvil. Más bien permitió construir una teoría general que determina este extraño fenómeno según el cual, en las experiencias realizadas en la Tierra, nunca notamos su movimiento de traslación. En tales circunstancias se recurre al principio de la relatividad, que dice: las leyes naturales no alteran su forma si cambiamos el sistema de coordenadas de origen ya experimentado por uno nuevo, realizando un movimiento de traslación uniforme con respecto al primero. Esta teoría fue confirmada en muchas y notables ocasiones por la experiencia. Permite también simplificar la representación teórica de conjuntos de hechos ya vinculados unos a otros.

Por otra parte, esta teoría no es, desde el punto de vista teórico, completamente satisfactoria, debido a que el principio e la relatividad antes mencionado privilegia el movimiento uniforme. Se plantea entonces la pregunta: ¿No debeía extenderse esta afirmación a los movimientos no uniformes? Ahora bien, si se parte de la base del principio de la relatividad en un sentido amplio, se ha demostrado que se llega a una extensión indefinida de la teoría de la relatividad. Esto nos lleva pues a una teoría general de la gravitación que incluye la dinámica. Pero por ahora faltan los hechos que nos permitan comprobar la legitimidad de la introducción del principio que sirve de base.

Hemos demostrado que la física inductiva cuestiona a la física deductiva y viceversa, y que este tipo de respuesta exige de nosotros una tensión y un esfuerzo totales. ¡Ojalá podamos llegar a encontrar, gracias al trabajo común, las pruebas definitivas para mayores adelantos en este aspecto!

Acerca del método de la física teórica

Si desean aprender algo del método que utilizan los físicos teóricos, les aconsejo: no escuchen sus palabras, aténganse, a sus resultados. Todo aquel que descubre algo en este campo cree que el producto de su fantasía es tan natural y necesario que lo considera un hecho real y no una imagen brotada del pensamiento. Y desea que así sea para los demás.

Estas palabras parecen invitarlos a retirarse de la sala, pues dirán que soy un físico teórico, y que por tanto debería dejar a los teóricos del conocimiento la tarea de reflexionar sobre la estructura de la ciencia teórica.

Pero me defenderé asegurándoles que mi presencia en esta cátedra no se debe a un impulso pasional sino a una cordial invitación por parte de amigos que la han dedicado a la memoria de un hombre que trabajó toda su vida para unificar el conocimiento. Además, objetivamente, podría justificar mi presencia aquí preguntando: ¿no interesa saber qué piensa de su ciencia un hombre que ha tratado de perfeccionar y aclarar los fundamentos de ella durante toda su vida? Su manera de aprender la evolución pasada y presente podría influir decisivamente en lo que espera del futuro, y por tanto en sus proyectos inmediatos. Pero tal es el sino de quien se entrega con pasión al mundo de las ideas. Lo mismo pasa con el historiador, que agrupa los hechos, todavía inconscientemente, en base a unos ideales subjetivos que la sociedad humana le insinúa.

Hoy analizaremos en de manera somera, el desarrollo del sistema teórico y el conjunto de los hechos experimentales. Se trata del eterno antagonismo entre las dos componentes indivisibles de nuestro conocimiento: empirismo y razón.

Admiramos a Grecia por ser cuna de la ciencia occidental. Allí se dio a luz por primera vez un sistema lógico, cuyas proposiciones se deducían unas de las otras con tanta exactitud que cada demostración no dejaba lugar a duda alguna. Esta maravillosa hazaña de la razón, la geometría de Euclides, dio confianza al ser humano para sus realizaciones posteriores. Quién se haya entusiasmado en la juventud por esta obra no nació para convertirse en investigador teórico.

Pero para alcanzar una ciencia que describa la realidad se necesita de un segundo conocimiento básico, que hasta Kepler y Galileo había sido ignorado por los filósofos. A través del razonamiento lógico no podemos conseguir conocimiento ninguno sobre el mundo de la experiencia; todo el saber de la realidad nace de la experiencia y desemboca en ella. Las leyes encontradas mediante el uso de la lógica no poseen ningún contenido con respecto a lo real. Gracias a este descubrimiento empírico, y sobre todo a que luchó violentamente por imponerlo, Galileo se convirtió en el padre de la física moderna e incluso de todas las ciencias de la naturaleza.

Pero si la experiencia inicia, describe y propone una síntesis de la realidad, ¿cuál es el papel de la razón en la Ciencia?

Un sistema completo de física teórica está constituido por un conjunto de conceptos, de leyes fundamentales aplicables a dichos conceptos y de las proposiciones lógicas que pueden deducirse normalmente de ellas. Estos corolarios en los que se ejerce la deducción responden exactamente a nuestras experiencias individuales; tal es la razón profunda por la que, en un libro teórico, la deducción representa casi toda la obra.

En realidad esto es exactamente lo que ocurre en la geometría euclidiana, sólo que en ella las leyes fundamentales se conocen como axiomas y que las proposiciones a deducir no se fundamentan en las experiencias comunes. Pero si concebimos la geometría euclidiana como la teoría de las posibilidades de situación de los cuerpos prácicamente rígidos, es decir, interpretándose como una ciencia física sin suprimir su contenido empírico originario, entonces la identidad lógica entre geometría y física teórica es evidente.

Así hemos concedido a la razón y a la experiencia su lugar dentro del sistema de la física teórica. La razón constituye la estructura del sistema: el contenido experimental y sus mutuas dependencias encontrarán su demostración a través de las proposiciones deductivas. En la posibilidad de una demostración de este tipo se basan el valor y la comprobación de todo el sistema y en particular de las leyes fundamentales y los conceptos en los que está basado. Por otra parte, los conceptos y las leyes fundamentales son invenciones libres del intelecto humano que no pueden ser comprobadas a priori ni por la naturaleza del aquel intelecto ni de cualquier otra forma.

Los conceptos y leyes fundamentales no reductibles configuran la parte inevitable de teoría que la razón no puede comprender. El objeto principal de toda teoría es simplificar y reducir al máximo esos elementos fundamentales e irreductibles sin tener que desprenderse de la demostración correspondiente a cualquier contenido experimental.

La concepción que aquí se ha expuesto acerca del carácter puramente ficticio de las bases de la teoría todavía no era mayoritaria en los siglos XVIII y XIX. Sin embargo cada vez gana más terreno debido a que el distanciamiento entre los conceptos y las leyes fundamentales por un lado, y las consecuencias que podemos comprobar mediante la experiencia por el otro, se hace cada vez más pequeño a medida que la construcción lógica se hace más homogénea, es decir, cada vez podemos hacer descansar dicha construcción en menos elementos lógicos, conceptualmente independientes entre sí.

Newton, primer creador de un sistema amplio y eficiente de la física teórica, no vacila en que los conceptos y las leyes fundamentales de su sistema resultan directamente de la experiencia. Creo que es en este sentido en el que debe interpretarse su principio *hypothesis non fingo*.

En verdad, las nociones de espacio y tiempo no parecían presentar en aquellos tiempos problema alguno. Los conceptos de masa, inercia y fuerza, y sus relaciones directamente determinadas por la ley parecían derivar directamente de la experiencia. Una vez aceptada esta base, la expresión «fuerza de gravitación», por ejemplo, se deduce de la experiencia y habría que esperar que así ocurriese con las demás fuerzas.

Sea como fuere, de la formulación de Newton se desprende que el concepto de espacio absoluto le preocupaba. Era consciente del hecho de que este último concepto no parecía responder a nada relacionado con la experiencia. También le desagradaba la introducción de las fuerzas distantes. Pero el increíble éxito práctico de su teoría les impidió, a él y a los físicos de los siglos XVIII y XIX, reconocer el carácter fictício de los fundamentos de su sistema.

Los investigadores de la naturaleza de entonces pensaban que los conceptos y leyes fundamentales de la física no eran libres invenciones del pensamiento humano, sino que por abstracción podían deducirse de la experiencia, es decir, ser encontradas por un camino lógico. La revelación de la inexactitud de esta concepción fue llevada a cabo en realidad por la teoría de la relatividad general. Pues ésta mostraba que basándose en un fundamento que difería notablemente de los de Newton, se podían justificar los hechos de la realidad de una manera incluso más satisfactoria y global que la permitida por los fundamentos de

Newton. Pero aparte de la posible superioridad, el carácter ficticio de los fundamentos se hace evidente al existir dos fundamentos intrínsecamente diferentes que concuerdan con la experiencia. Con esto también se demuestra que todo intento de deducir los conceptos y leyes fundamentales de la mecánica a partir de experiencias elementales se halla condenado al fracaso.

Pero si es cierto que la base axiomática no puede obtenerse de la experiencia, ¿es posible aspirar al hallazgo del camino recto? Todavía más: ¿no existirá ese recto camino sólo como ilusión? ¿Podemos creer que la experiencia nos guía correctamente, cuando existen teorías como la mecánica clásica que concuerdan con ella sin comprender los hechos en toda su profundidad? A esto contesto que, según mi opinión, sí existe el camino recto, y que además lo podemos encontrar.

Según nuestra experiencia estamos autorizados a pensar que la Naturaleza es la realización de lo matemáticamente más simple. Creo que a través de una construcción matemática pura es posible hallar los conceptos y las relaciones que iluminen una comprensión de la Naturaleza. Los conceptos usables matemáticamente pueden estar próximos a la experiencia, pero en ningún caso pueden deducirse de ella. Está claro que la experiencia es el único criterio que tiene la Física para determinar la utilidad de una construcción matemática. Pero el principio creativo se encuentra en realidad en la matemática. En cierto modo opino que es cierto que a través del pensamiento puede comprenderse la realidad, tal como lo soñaron los antiguos.

Para justificar esta seguridad tengo que hacer uso de conceptos matemáticos: el mundo físico está formado por un continuo tetradimensional. Si introduzco en éste la métrica de Rieman y pregunto cuáles son las leyes más simples que satisfacen a dicha métrica, llego a la teoría de la gravitación relativista del espacio vacío.

Una vez alcanzado este punto, todavía falta una teoría para las partes del espacio en las que no desaparezca la densidad eléctrica. Louis de Broglie adivinó la existencia de un campo ondulatorio que se podía aplicar para explicar determinadas propiedades cuánticas de la materia. Dirac encontró en los semivectores una nueva magnitud de campo, cuyas ecuaciones más simples permitían explicar las propiedades de los electrones. Por último, junto con mi colaborador, doctor Walter Mayer, descubrí que estos semivectores eran un caso especial de una nueva clase de campo relacionado matemáticamente con el campo tetradimensional. Las ecuaciones más sencillas a que podían someterse los semivectores nos ofrecen la clase de la existencia de dos partículas elementales de diferente masa e igual carga, pero de signo opuesto.

En un continuo métrico de cuatro dimensiones pueden existir estos semivectores, que aparte de los vectores, son los entes matemáticos más sencillos capaces de constituir un campo. Creo que describen, sin lugar a dudas, las propiedades de las partículas elementales con carga eléctrica.

Para nuestra hipótesis es esencial que todas estas imágenes y sus relaciones sigan el principio de buscar los conceptos matemáticos más simples. En la delimitación de los campos y ecuaciones sencillas que puedan existir matemáticamente, descansa la esperanza del teórico de comprender lo real en toda su profundidad.

El punto más difícil de esta teoría de campos está en la comprensión de la estructura atómica de la materia y de la energía. La teoría no es atómica en sus fundamentos, pues en definitiva opera con funciones continuas del espacio, al contrario de la mecánica clásica, cuyo elemento principal, el punto material, responde a la estructura atómica de la materia.

La teoría cuántica moderna en la forma caracterizada por de Broglie, Schrodinger y Dirac, que opera con funciones continuas, ha superado esta dificultad mediante una osada interpretación, formulada en primer lugar por Max Born: las funciones espaciales que aparecen en las ecuaciones no pretenden ser un modelo matemático de la imagen atómica. Tales funciones sólo han de determinar el cálculo de las posibilidades de aquellas imágenes en el caso de una medición en un lugar determinado.

Esta interpretación es lógicamente incontestable y consigue éxitos significativos. Pero por desgracia necesita hacer uso de un continuo cuya cifra dimensional (cuatro) ya no es el de la física existente hasta ahora, sino que aumenta ilimitadamente según el sistema considerado. No puedo evitar el pronosticar a esta interpretación un significado efimero. Aún creo en la posibilidad de un modelo de la realidad, esto es, de una teoría que describa las cosas en sí y no sólo la posibilidad de su aparición.

De otro lado, creo que tendremos que abandonar la idea de un modelo teórico que describa la localización completa de las partículas. Este me parece ser el resultado definitivo del principio de incertidumbre de Heisemberg. Pero se puede pensar en sentido intrínseco (no sólo en base a una interpretación) en una teoría atómica sin localización de las partículas en el modelo matemático. Para concordar, por ejemplo, con el carácter atómico de la electricidad, las ecuaciones del campo han de llevarnos a las siguientes conclusiones: una región del espacio en cuya frontera desaparezca la densidad eléctrica contiene siempre una carga eléctrica total no nula. Por lo tanto en una teoría del continuo se podría expresar satisfactoriamente el carácter atómico de las leyes integrales, sin determinar la localización de los elementos estipulados en la estructura atómica.

Sólo cuando se encontrara una descripción de este tipo de la estructura atómica, llegaría a la conclusión de que se ha resuelto el enigma cuántico.

¿Qué es la teoría de la relatividad?

Con mucho placer accedo al ruego de su colaborador, de escribir algo sobre relatividad para el Times. Pues tras la lamentable ruptura de relaciones internacionales de los científicos, será la ocasión de expresar mi agradecimiento a los físicos y astrónomos ingleses.

Se encuentra dentro de las tradiciones del trabajo científico de su país el que célebres investigadores e institutos dediquen tiempo y esfuerzos para comprobar una teoría completada y publicada durante la guerra en un país enemigo. Y si bien cuando se trató de examinar la influencia del campo gravitatorio del sol en los haces luminosos, era un asunto puramente objetivo, quiero expresar mi gratitud personal a mis colegas ingleses, pues sin ellos no hubiera podido tener la comprobación de la consecuencia más importante de mi teoría.

Las teorías físicas son de diversas clases. La mayor parte son constructivas. O sea que intentan construir a partir de una base formal una imagen de sucesos más complejos. Así la teoría cinética de los gases intenta reducir los fenómenos mecánicos, térmicos y de difusión a los movimientos de las moléculas. Vale decir, construir una teoría a partir de la hipótesis del movimiento molecular. Cuando se dice que un conjunto de sucesos de la naturaleza han sido finalmente comprendidos, se quiere decir que se ha encontrado una teoría constructiva que comprende esos sucesos.

Esa es una importante clase de teorías. Después hay un segundo grupo, que denominaré teorías de principios. Estas no utilizan métodos sintéticos, sino analíticos. Osea que no se parte de una hipótesis y de elementos constructivos sino de los resultados de la experiencia. Es un método experimental práctico. De sus principios se deducen criterios formulables matemáticamente, y ellos servirán para satisfacer sucesos individuales, por ejemplo, las imágenes teóricas. Es así como la termodinámica intenta determinar relaciones que satisfarán los hechos individuales, a partir de un dato de la experiencia: es imposible una movilidad perpetua.

Las teorías constructivas poseen las ventajas de su claridad, integridad y capacidad de adaptación. Las de principios, las de integridad lógica y seguridad de fundamento.

La teoría de la relatividad es una teoría de principios. Para entender su naturaleza deben comprenderse en primer lugar los principios sobre los que se fundamenta. Pero ante todo tengo que señalar que es una teoría parecida a un edificio de dos plantas. Pues está compuesta por la teoría de la relatividad restringida y la teoría de la relatividad general.

La teoría de la relatividad restringida, base de la general, contempla todos los fenómenos físicos excepto la gravitación. La teoría de la relatividad general ofrece una ley de gravitación y sus relaciones con las otras fuerzas naturales.

Desde la antigua Grecia se sabe: para describir el movimiento de un cuerpo hace falta un segundo cuerpo que sirva de referencia. Por ejemplo: el movimiento de un coche se refiere al suelo, el de un planeta a la totalidad de estrellas fijas visibles. En física ese segundo cuerpo o referencia se llama sistema de coordenadas. Y por ejemplo las leyes de mecánica de Galileo y de Newton sólo pueden formularse usando un sistema de coordenadas.

Para que valgan las leyes de la mecánica, el movimiento del sistema de coordenadas no puede elegirse arbitrariamente. Debe estar libre de rotaciones y de aceleraciones. Hay un sistema de coordenadas admitido por la mecánica, que se llama «sistema inercial». Pero según la mecánica el estado de movimiento de un sistema inercial no está suficientemente determinado por la naturaleza. Más válida es por eso la ley que establece que un sistema de movimiento de traslación uniforme respecto a un sistema inercial es a su vez él también un sistema inercial.

Bajo el nombre de «principio de relatividad restringida» se entiende pues la aplicación de esta ley a cualquier fenómeno de la naturaleza. Vale decir: toda ley general de la naturaleza que valga aplicada a un sistema de coordenadas K, tiene que ser válida aplicada a un sistema de coordenadas K^1, siempre que esté dotado de un movimiento de traslación uniforme respecto a K.

El segundo principio sobre el que se basa la teoría de la relatividad restringida es el principio de la constancia de la velocidad de la luz en el vacío. O sea: la luz tiene en el vacío una determinada velocidad de propagación, independiente del estado de movimiento de su fuente. La seguridad de este principio se basa en los resultados de la electrodinámica de Maxwell-Lorentz

Los dos principios tienen sólidos respaldos en la experiencia. Pero no podían unificarse de forma lógica. Su unificación lógica fue lograda por último por la teoría de la relatividad restringida. Fue mediante una alteración de la cinemática, esto es, de la ciencia que se ocupa de las leyes del espacio y del tiempo desde el punto de vista físico. Se comprobó que la simultaneidad de dos acontecimientos sólo tenía sentido si se referían a un mismo sistema de coordenadas. Y que la forma de los patrones de medida, así como la velocidad de la marcha de los relojes, tenía que depender de su estado de movimiento respecto al sistema de coordenadas.

La física antigua, incluso las leyes del movimiento de Galileo-Newton, no se adaptaban a esta cinemática relativista. Sin embargo, de ésta surgían condiciones matemáticas generales que tenían que concordar con las leyes de la naturaleza. Tenían que concordar siempre que los dos principios generales ya nombrados fueran verdaderamente concluyentes. A ellos había que ajustar la física. Y se llegó a una nueva ley del movimiento para masas a grandes velocidades, que se verificó en partículas cargadas eléctricamente.

El resultado más importante de la teoría de la relatividad se refería precisamente a la masa inerte. Demostró que ella no era más que energía latente. Así, la ley de conservación de la masa perdió su independencia y se fundió con la de conservación de la energía.

La teoría de la relatividad restringida, no era más que el desarrollo sistemático de la electrodinámica de Maxwell-Lorentz. Pero ¿por qué limitar la independencia de las leyes físicas al estado de sistemas de coordenadas en movimiento de traslación uniforme? ¿Qué tiene que ver la naturaleza con unos sistemas de coordenadas introducidos por nosotros, y con sus estados de movimiento? Si para describir la naturaleza fuera necesario el uso de sistemas de coordenadas introducidos arbitrariamente por nosotros, la elección de sus estados de movimiento no tendría que estar sujeta a limitación alguna. Las leyes tendrían que ser totalmente independientes de esta elección (principio general de la relatividad).

La conclusión de este principio general de la relatividad es similar a una experiencia conocida desde hace mucho tiempo: según ella, la inercia y el peso de un cuerpo se expresan por la misma constante (identidad entre la masa inerte y la masa pesante). Pensemos en un sistema de coordenadas concebido en rotación uniforme respecto a un sistema inerte, en el sentido newtoniano. Según enseña Newton, las fuerzas centrífugas que aparecen respecto al segundo sistema deben interpretarse como una acción de la inercia. ¿No sería posible interpretar que el sistema de coordenadas está en reposo, y que las fuerzas centrífugas pueden asimilarse a las fuerzas gravitacionales? Tal interpretación parece la más indicada. Pero la mecánica clásica no la admite.

Esta reflexión superficial deja entrever que una teoría de la relatividad general debe proporcionar una ley de gravitación. Y la evolución del pensamiento ha hecho realidad la esperanza.

Pero el camino era más difícil de lo que se podía pensar. Había que abandonar nada menos que la geometría euclidiana. Esto significa: las leyes según las que se pueden disponer los cuerpos en el espacio no concuerdan rigurosamente con las leyes de localización que suscribe la geometría euclidiana respecto a los cuerpos. Con ello los conceptos fundamentales de «recta», «plano», etcétera, perdieron su significado exacto en la física.

En la teoría de la relatividad general, la ciencia del espacio y del tiempo, la cinemática, ya no juega el papel de fundamento independiente del resto de la física. El comportamiento geométrico de los cuerpos y la marcha de los relojes dependen en mayor grado de los campos gravitatorios. Y éstos, a su vez, están generados por la materia.

La nueva teoría de la gravitación difiere mucho de la teoría de Newton. Pero sus resultados prácticos concuerdan de tal manera con ella, que es difícil encontrar criterios de diferenciación accesibles a la experiencia. Hasta ahora se han encontrado los siguientes:

1. En la rotación de las elipses de las órbitas planetarias alrededor del sol. (Comprobado en Mercurio.)

2. En la curvatura de los rayos de luz por los campos gravitatorios. (Demostrado por las fotografías del eclipse solar de la expedición inglesa.)

3. En el viraje hacia el rojo de las líneas espectrales de la luz emitida por las estrellas de masa significativa. (Comprobado también posteriormente.)

El principal motivo de orgullo de la teoría es su unidad lógica. Si se demuestra que una sola de sus consecuencias es incorrecta debe abandonarse la teoría; no creo que sea posible introducir una modificación sin destruir toda la estructura.

Pero que nadie crea que con ésta o con cualquier otra teoría pueda quedar eliminada en un sentido intrínseco la gran creación de la teoría de Newton. Sus ideas seguirán manteniendo su eminente significado en el campo de la filosofía natural, como fundamento de nuestra moderna formación de conceptos.

Sobre la teoría de la relatividad

Una conferencia en Londres

Siento una extraordinaria emoción al hablar en la capital del país del que han partido las ideas fundamentales de la física. Pienso en la teoría de los movimientos de las masas y la gravitación que nos regaló Newton. Pienso en el concepto del campo electromagnético mediante el cual Maxwell y Faraday han proporcionado a la física un nuevo fundamento. Bien puede decirse que la teoría de la relatividad ha sido la culminación de la maravillosa estructura construida por Maxwell y Lorentz, intentando extender la teoría de campos a todos los fenómenos, incluida la gravitación.

Considerando que voy a explicar la teoría de la relatividad, debo señalar que esta teoría no posee un origen especulativo. Su descubrimiento se debe al intento de adaptar lo mejor posible la teoría física a los hechos observados. No se trata de un acto revolucionario sino de la evolución natural de un camino seguido a lo largo de muchos siglos. El abandono de los conceptos fundamentales de espacio y tiempo tal como habían sido concebidos hasta ahora, no se debe interpretar como un acto voluntario. Ha sido condicionado por hechos observados.

La ley de la constancia de la luz en el vacío, corroborada por el desarrollo de la electrodinámica y de la óptica, unida al conocido experimento de Michelson para explica la equivalencia de todos los sistemas inerciales (principio de la relatividad restringida), llevó en primer lugar a que se tuviera que relativizar el concepto de tiempo. O sea: fue necesario dotar a cada sistema inercial de su propio tiempo. Con el desarrollo de esta idea se hizo patente algo que antes no se había considerado con suficiente profundidad: la dependencia que existe entre las experiencias inmediatas por una parte, y las coordenadas y el tiempo por otra.

Una de las características más importantes de la teoría de la relatividad es que se ocupa de elaborar con mayor rigor las relaciones que hay entre los conceptos generales y los hechos experimentables. Para ello es válido siempre el fundamento siguiente: la comprobación de un concepto físico se basa en último término en su clara y significativa relación con los sucesos experimentables. Conforme a la teoría de la relatividad restringida, y en este sentido, las coordenadas espaciales y el tiempo, aún poseen un carácter absoluto. Son medibles mediante relojes y cuerpos rígidos. Pero en la medida en que dependen del estado de movimiento del sistema inercial escogido, son relativos. El continuo tetra-dimensional que resulta de la unificación del espacio y el tiempo, mantiene según la teoría de la relatividad restringida, el mismo carácter absoluto que poseían, cada uno a su manera, el tiempo y el espacio en la teoría anterior (Minkowski). De la interpretación de las coordenadas y del tiempo como resultado de una medición, se llega a la influencia del movimiento (respecto al sistema de coordenadas) en la forma de los cuerpos y en la marcha de los relojes, así como la equivalencia entre masa inerte y energía.

La teoría de la relatividad general debe su creación en primer lugar, al hecho experimental de la igualdad numérica que hay entre la masa inerte y el peso de un cuerpo; la mecánica clásica no ofrecía ninguna interpretación de este hecho fundamental. Se llegó a tal interpretación extendiendo el principio de la relatividad a sistemas de coordenadas acelerados uno respecto al otro. La introducción de sistemas de coordenadas acelerados respecto a un sistema inercial condiciona la aparición de campos gravitatorios respecto al primer sistema. De esto depende que la teoría de la relatividad general, basada en la identidad entre inercia y peso, proporcione una teoría del campo gravitatorio.

La introducción de sistemas de coordenadas acelerados uno respecto al otro como sistemas de coordenadas equivalentes, tal como imponía la identidad entre inercia y peso, condujo, junto con los fenómenos de la teoría de la relatividad restringida, a la conclusión de que las leyes que rigen la localización de los cuerpos rígidos en presencia de un campo gravitatorio, no responden a las reglas de la geometría euclidiana. Lo mismo ocurre con la velocidad de la marcha de los relojes. De esto se deduce la necesidad de unificar definitivamente la teoría del espacio y el tiempo, debido a que ahora la interpretación inmediata es realizable por medio de los resultados de mediciones llevadas a cabo usando patrones de medida y relojes ideales. Esta generalización de la métrica, posible gracias a las investigaciones de Gauss y Rieman, descansa en el hecho de que la métrica de la teoría de la relatividad, restringida a regiones pequeñas, es también válida para el caso general.

Esta evolución tal como ha sido expuesta quita a las coordenadas espacio-tiempo cualquier existencia real. Lo métrico real sólo se presenta con la incorporación a las coordenadas espacio-tiempo de magnitudes matemáticas, que describen el campo gravitatorio.

Hay un segundo origen en el proceso de creación de la teoría de la relatividad general. Como ya señaló Mach, en la teoría de Newton hay un punto problemático si lo contemplamos desde un punto de vista puramente descriptivo y no causal, el movimiento sólo existe como movimiento relativo entre varias cosas. Pero el concepto de aceleración que aparece en las ecuaciones del movimiento de Newton no figura dentro del concepto de movimiento relativo. Forzó a Newton a fingir un espacio físico en relación al cual debía existir la aceleración. Esta introducción adecuada del concepto de espacio absoluto es lógicamente correcta, pero resulta a la vez problemática. Debido a ello, Ernst Mach buscó una modificación de las ecuaciones de la mecánica mediante la cual la inercia de los cuerpos pudiera reducirse a un movimiento respecto a la totalidad de las restantes masas ponderables.

Pero el problema sigue siendo dificultoso para la razón. Y es ello lo que mueve a aceptar con mayor fuerza la teoría de la relatividad general, ya que, según ésta, las propiedades del espacio están influidas por la materia ponderable. El conferenciante cree que este problema sólo puede ser resuelto por la teoría de la relatividad general, considerando el mundo espacialmente cerrado. Los resultados matemáticos nos obligan a esta interpretación, si suponemos que la densidad media de la materia ponderable, aun cuando sea muy pequeña, posee un valor finito.

Geometría y experiencia

Las matemáticas gozan de prestigio propio frente a las demás ciencias. La causa es que sus proposiciones son absolutamente ciertas e indiscutibles, mientras que todas las proposiciones de las demás ciencias son discutibles hasta cierto punto, y se hallan siempre al albur de quedar invalidadas por nuevos descubrimientos. A pesar de ello, el investigador de otra área no necesitaría envidiar la suerte del matemático, cuyas proposiciones no se refieren a hechos de la realidad sino sólo de nuestra imaginación. No debe sorprender que se llegue a conclusiones lógicas congruentes si uno se ha puesto de acuerdo en los axiomas fundamentales, así como en el método a seguir. De este método y de los axiomas fundamentales deberán deducirse todas las proposiciones. Por otra parte, este gran prestigio de las matemáticas descansa en el grado de seguridad que confieren a las ciencias de la naturaleza, grado que éstas no podrían conseguir sin su ayuda.

Llegados a este punto, surge el problema que tanto ha preocupado a los científicos de todos los tiempos. ¿Cómo es posible que las matemáticas encajen con tanta perfección en los hechos de la realidad, siendo un producto del pensamiento humano independiente de toda experiencia?

¿Acaso el intelecto humano puede profundizar, a través del pensamiento puro, en las propiedades de los objetos reales sin la ayuda de la experiencia?

Según mi opinión, esa pregunta puede contestarse de este modo: cuando las proposiciones matemáticas se refieren a la realidad, no son ciertas; cuando son ciertas, no hacen referencia a la realidad. Creo que este estado de cosas se me ha aclarado totalmente gracias a esa parte de las matemáticas conocida como axiomática. El avance logrado por la axiomática consiste precisamente en que a través de ella se trazó una frontera nítida entre lo lógico-formal y el contenido práctico. Sólo lo lógico-formal constituye, con arreglo a la axiomática, el objetivo de las matemáticas. No así la intuición ni cualquier otro tema vinculado a lo lógico-formal.

Consideremos con arreglo a este criterio cualquier axioma de la geometría. Por ejemplo el siguiente: por dos puntos del espacio pasa siempre una, y sólo una, recta. ¿Cómo se ha de interpretar este axioma según el criterio antiguo y el nuevo?

Interpretación antigua: todo el mundo sabe lo que es una recta y lo que es un punto. Que esto se sepa gracias a una facultad del espíritu humano, o bien mediante la experiencia, o bien debido a una combinación de ambas, o por cualquier otra causa, no necesita decidirlo el matemático. Queda a cargo del filósofo. El citado axioma (al igual que todos los demás) se basa en un conocimiento anterior a toda matemática. Y por eso es un término apto para expresar una parte de este saber a priori.

Interpretación nueva: la geometría trata de hechos descritos por las palabras recta, punto, etcétera. No se supone ningún conocimiento u opinión acerca de estos temas. Sólo se supone la validez puramente formal de los axiomas comprendidos, esto quiere decir, independizados de cualquier contenido intuitivo o experimental. Estos axiomas definen los hechos de que trata la geometría. Por esto Schlick, en su libro sobre la teoría del conocimiento de causas, ha descrito tan acertadamente los axiomas como «definiciones implícitas».

Esta apreciación, sustentada por la axiomática moderna, purifica a las matemáticas de todos los elementos no pertenecientes a ellas y suprime la oscuridad mística que anteriormente era relativa a su fundamento. Una exposición tan clara pone en evidencia que las matemáticas están en condiciones de inducir afirmaciones, tanto sobre los hechos de la intuición imaginativa, como sobre los hechos de la realidad. Los conceptos «punto», «recta», etcétera, se han de comprender en la geometría axiomática sólo como nociones esquemáticas sin valor. Lo que les da el valor no corresponde a las matemáticas.

Por otra parte también es cierto que las matemáticas, y en especial la geometría, deben su origen a la necesidad de averiguar el comportamiento de los objetos reales. La palabra «geometría», que al fin y al cabo significa «mediciones geodésicas», ya pone esto en evidencia. Pues la medición geodésica trata de las posibilidades de localización relativa entre varios cuerpos físicos, es decir, de partes de la Tierra, jalones, instrumentos de medición, etcétera. Es evidente que el método conceptual de la geometría axiomática por sí solo no puede aportar ninguna afirmación sobre los objetos de la realidad que nosotros queremos conceptuar como cuerpos prácticamente rígidos. Para proporcionar tales afirmaciones hay que despojar a la geometría axiomática de su carácter exclusivamente lógico-formal, aunque se podrá añadir hechos experimentales de la realidad a los esquemas de comprensión de la geometría axiomática. Para realizar esto, basta con añadir la siguiente proposición:

En cuanto respecta a posibilidades de localización, los cuerpos rígidos se comportan como los cuerpos tridimensionales de la geometría euclidiana; pues las proposiciones de la geometría euclidiana contienen afirmaciones sobre el comportamiento de los cuerpos prácticamente rígidos.

La geometría así completada es sin duda una ciencia de la naturaleza; de hecho la podemos considerar como la rama más antigua de la física. Sus afirmaciones se refieren ante todo a la inducción de la experiencia; y no sólo a claves lógicas. A la geometría así completada la denominaremos «geometría práctica» para distinguirla en lo sucesivo de la geometría axiomática. Que la geometría práctica del mundo sea una geometría euclidiana o no es una pregunta de significado lógico, a la que sólo puede responderse mediante la experiencia. Todas las medidas de distancias largas, así como las mediciones geodésicas y astronómicas, son geometría práctica en la física, si nos ayudamos de la siguiente proposición experimental: la luz se propaga en línea recta y solamente en línea recta según el sentido de la geometría práctica.

Concedo trascendencia especial a la interpretación de la geometría así estructurada, ya que sin ella no hubiera podido formular la teoría de la relatividad. Sin ella no habría sido posible la siguiente reflexión: en un sistema de referencia en rotación respecto a un sistema inerte, las posibilidades de localización de un sólido rígido no cumplen las reglas de la geometría euclidiana, debido a la contradicción de Lorentz. Por consiguiente al admitir los mismos derechos para los sistemas no inertes se ha de abandonar la geometría euclidiana. El paso decisivo, que consistió en pasar a utilizar ecuaciones covarientes generalizadas, no se hubiera dado de no existir la interpretación anterior como punto de partida. Si se desestima la relación que hay entre los cuerpos de la geometría axiomática euclidiana y el sólido prácticamente rígido de la realidad, se logra llegar muy pronto a la siguiente interpretación, sostenida especialmente por H. Poincaré: de todas las geometrías axiomáticas imaginables, la euclidiana es admirable por su sencillez. Considerando que la geometría axiomática sólo contiene afirmaciones acerca de la realidad experimentable, cuando relacionamos sus proposiciones con las proposiciones de la física tendría que ser posible y al mismo tiempo razonable seguir ateniéndonos a la geometría euclidiana, como quiera que esté estructurada la realidad. Pues en caso de que se comprueben contradicciones entre teoría y experiencia, uno se decidirá preferentemente por una modificación de las leyes físicas más que por una alteración de la geometría axiomática euclidiana. Si se rechaza la relación entre el sólido prácticamente rígido y la geometría, no será posible desprenderse con facilidad de la convención de que lo más sencillo es atenerse a la geometría euclidiana.

¿Por qué rechazan Poincaré y otros investigadores la evidente equivalencia que hay entre el sólido prácticamente rígido de la experiencia y los cuerpos de la geometría? Sencillamente porque los sólidos realmente rígidos de la naturaleza no son rígidos si los observamos con exactitud, y también porque su comportamiento geométrico, es decir, sus posibilidades de localización en el espacio, dependen de la temperatura, las fuerzas exteriores, etcétera. Con esto parece que la relación originaria entre la geometría y la realidad se viene abajo, y uno se siente forzado hacia la siguiente interpretación, que es el punto de vista de Poincaré. La geometría (G) no dice nada acerca de los comportamientos de los objetos reales. Esto lo realiza únicamente la geometría, en unión con el contenido (P) de las leyes de la física; simbólicamente podemos decir que sólo la suma (G) + (P) no resiste el control de la experiencia. Por tanto se puede escoger a (G) arbitrariamente, así como a partes de (P); todas estas leyes son convenciones. Para evitar contradicciones sólo es necesario escoger el resto de (P) de tal manera que (G) junto a la totalidad de (P) corresponda a la realidad.

Sub specie aeterni, Poincaré tiene razón en esta interpretación. La noción de patrón de medida, así como el concepto del reloj de medición, que en la teoría de la relatividad aparecen coordinados no encuentran ningún objeto de la realidad que cuadre con ellos. También está claro que el sólido rígido y el reloj no juegan el papel de elementos irreductibles en la estructuración de los conceptos de la física. Son ideas sintéticas, que deben jugar un papel independiente en la estructuración de la física teórica. Sin embargo, según mi opinión, en el estado actual de desarrollo de la física teórica es necesario recurrir a estos conceptos como si fueran independientes; pues aún nos encontramos lejos de un conocimiento tan preciso de los fundamentos de la atomística que nos permitan una exacta estructuración teórica de dichas ideas.

Lo que concierne al argumento de que en la naturaleza no existen verdaderos cuerpos rígidos, y que por tanto sus propiedades no afectan a la realidad física, es una opinión basada en una observación superficial; pues la opinión expresada antes no es en modo alguno tan profunda, si tenemos en cuenta que no ofrece mayores dificultades establecer con suficiente precisión el estado físico de un patrón de medida para que su comportamiento, referido a la situación relativa de otros patrones de medida, quede suficientemente definido y pueda ser sustituido por el cuerpo «rígido». Las proposiciones sobre sólidos rígidos han de considerarse a estos patrones de medida.

Toda la geometría práctica descansa sobre un axioma al alcance de la experiencia que vamos a imaginar ahora. Queremos llamar distancia a dos marcas hechas en un sólido prácticamente rígido, y nos imaginamos dos sólidos prácticamente rígidos con una distancia marcada en cada uno de ellos. De estas dos distancias diremos que son «recíprocamente iguales» si se pueden hacer coincidir siempre las marcas de un sólido con las del otro. Siendo así se supone lo siguiente:

Si dos distancias han sido halladas alguna vez como iguales, serán invariablemente y en todo lugar iguales. Se basan en este supuesto no sólo la geometría práctica euclidiana, sino también su generalización posterior, la geometría rimanniana y con ella la teoría de la relatividad general. De los argumentos experimentales que justifican lo acertado de esta suposición, sólo quiero mencionar uno: el fenómeno de la propagación en el vacío asigna a cada intervalo de tiempo local una distancia que es el correspondiente camino de ida y vuelta de la luz. Con esto guarda relación el hecho de que la suposición citada también debe valer en la teoría de la relatividad para intervalos de tiempo de reloj. Por consiguiente se puede formular así: dos relojes ideales marchan a igual ritmo, no importa dónde y cuándo (con lo cual ocupan posiciones contiguas en el espacio). O sea: marchan a igual ritmo, sin variar, con independencia de dónde y cuándo sean mutuamente comparados. Si esta proposición no fuera válida para los relojes naturales, las frecuencias propias de los átomos de un mismo elemento químico no concordarían con tanta exactitud como demuestra la experiencia. La existencia de líneas espectrales agudas prueba la convincente conclusión del llamado «axioma de la geometría práctica». Sobre esto se basa en última instancia que podamos hablar de manera razonable, en el sentido de Riemann, de una métrica del espacio tetra-dimensional o contínuo-tiempo.

La cuestión de si esta continuidad está estructurada euclidianamente, de acuerdo con el esquema rimanniano, o de otra forma, es, después de la opinión aquí sostenida, una pregunta propiamente física. O sea: debe ser contestada mediante la experiencia y no con la ayuda de una convención escogida ex profeso. La geometría rimanniana valdrá cuando las leyes de localización de los sólidos prácticamente rígidos se transformen con mayor exactitud en las mismas que rigen para los cuerpos de la geometría euclidiana, es decir, a medida que se reduzcan las medidas de la región espacio-tiempo abarcadas por el ojo.

La interpretación física de la geometría aquí sostenida no acepta, en su ampliación inmediata, la existencia de espacios de orden submolecular. Conserva a pesar de ello una parte de su significación al afrontar las preguntas sobre la constitución de las partículas elementales. Pues se puede intentar dar un significado físico a aquellos conceptos acerca de los campos que se han definido para la descripción del comportamiento geométrico de grandes cuerpos a partir de sus moléculas, así como a las partículas eléctricas que constituyen la materia. Sólo el éxito del resultado puede decidir acerca de lo justificado de un ensayo que atribuya una realidad física a los conceptos básicos de la geometría rimanniana, por encima de su dominio de definición. Podría ser que esta extrapolación evidenciara ser tan poco apta como la extrapolación del concepto de temperatura a partes de un cuerpo de orden molecular.

Menos problemática aparece la extensión de los conceptos de la geometría práctica a espacios de orden cósmico. Se podría objetar que una estructura formada por barras sólidas se aleja tanto más del ideal de rigidez cuanto mayor es su extensión espacial. Pero difícilmente se podrá atribuir a esta objeción un significado de importancia fundamental. Por tal motivo me planteo esta pregunta: ¿es el mundo espacialmente finito?, pregunta que dentro de la geometría práctica parece razonable. No considero que esta pregunta quede excluida por el mero hecho de que sea respondida por la astronomía en un futuro no muy lejano. Recordemos lo que dice la teoría de la relatividad general a este respecto. Según ella hay dos posibilidades:

1. El mundo es infinito. Esto sólo es posible si la densidad media de la materia concentrada en las estrellas desaparece en el universo, es decir, cuando el comportamiento de la masa total de las estrellas respecto a la amplitud del espacio en el cual se hallan dispersas se acerque ilimitadamente a cero, a medida que se va haciendo mayor el espacio que se toma en consideración.

2. El mundo es finito. Tal será el caso si la densidad media de la materia ponderable en el universo es distinta de cero. El volumen del universo es tanto mayor cuanto menor sea la densidad.

No quiero dejar de referirme a que existe un argumento en favor de que el espacio es finito. La teoría de la relatividad general demuestra que la inercia de un cuerpo es tanto mayor cuanto mayor sea la masa ponderable que se encuentra en su entorno; por consiguiente es natural atribuir la inercia global de un cuerpo a intercambios recíprocos entre un cuerpo y los restantes, tal como se hace desde Newton al atribuir la gravedad a efectos mutuos entre los cuerpos. De las ecuaciones de la teoría de la relatividad general se puede deducir que esta atribución de la inercia a efectos recíprocos entre las masas sólo es posible si el mundo es finito, tal como lo ha postulado E. Mach.

A muchos físicos y astrónomos no les produce ninguna sorpresa este argumento. En último extremo únicamente la experiencia podrá decidir cuál de las dos posibilidades verifica la naturaleza. ¿Cómo puede dar respuesta la experiencia? En primer lugar puede creerse que la densidad media de la materia puede ser determinada a través de observaciones de las partes accesibles del universo. Esa esperanza es engañosa. La distribución de las estrellas visibles es extremadamente irregular, de tal manera que de ningún modo podemos arriesgarnos a equiparar la densidad media de la materia de las estrellas en el universo a, por ejemplo, la densidad media en la Vía Láctea. En general podría suponerse que fuera del espacio explorado (sea éste todo lo grande que sea) no hay más estrellas.

Hay sin embargo un segundo camino, más viable, aunque también ofrece grandes dificultades. Preguntemos acerca de las discrepancias que hay entre las experiencias astronómicas abordables a partir de la teoría de la relatividad y las teorías newtonianas. Se hace patente así una anomalía que se manifiesta en las proximidades de una masa gravitatoria, comprobada en el caso de Mercurio. Si el mundo es finito, existe todavía otra anomalía en la teoría newtoniana. En su lenguaje se expresa así: el campo gravitatorio está dispuesto de manera tal que es como si estuviera originado, aparte de por las masas ponderables, por una concentración de masas de signo contrario. Como quiera que esta concentración de las masas tendría que ser extremadamente pequeña, sólo podría ser perceptible en sistemas gravitatorios de gran extensión.

Supuesto que conozcamos la distribución estadística de las estrellas en la Vía Láctea, así como sus masas, podremos calcular el campo gravitatorio según la ley de Newton. Y podremos obtener también las aceleraciones medias que han de tener las estrellas para que la Vía Láctea no se «aplastara» por las acciones mútuas de las estrellas. Si las aceleraciones medias fueran menores que las calculadas se habría comprobado que las atracciones a grandes distancias son menores que las que fueron calculadas según la ley de Newton. Por una anomalía de este tipo se podría demostrar que el mundo es finito y hasta se podría estimar la dimensión del espacio.

Sobre los orígenes de la teoría general de la relatividad

Con sumo placer accedo al ruego de escribir algo histórico sobre mi propio trabajo científico. No es que le de un gran valor a mi obra. Creo, sin embargo, que escribir acerca del desarrollo histórico del trabajo de otras personas exige una profundización del pensamiento ajeno que resulta mucho más difícil que una explicación personal del pensamiento propio. Se está en una posición favorable que no debe desperdiciarse por humildad.

Cuando en 1905, la teoría restringida de la relatividad estableció equivalencias entre todos los sistemas inerciales para la formulación de las leyes de la naturaleza, se planteaba una pregunta inmediata: ¿no existiría una equivalencia mayor entre los sistemas de coordenadas? Expresado de otra manera: si al concepto de velocidad sólo puede suscribirse un significado relativo ¿hay que seguir considerando, a pesar de todo, como absoluto el concepto de aceleración?

Desde el punto de vista puramente cinético no se podría poner en duda la relatividad de los movimientos arbitrarios; pero físicamente parecía que se privilegiaba el sistema inercial; tal significado privilegiado hacía aparecer a los otros sistemas de coordenadas en movimiento como entes artificiales.

Es cierto: conocía la interpretación de Mach según la cual la inercia no se opone a una aceleración en sí sino a una aceleración en contra de las masas de los restantes cuerpos que existen en el mundo. Esto me parecía fascinante. Pero no era un punto de partida utilizable para una teoría nueva.

Me acerqué por primera vez a la resolución del problema al intentar operar con la ley de gravitación en el marco de la teoría de la relatividad restringida. Como la mayoría de los investigadores de aquella época, intenté determinar una ley de campo para la gravitación ya que debido a la abolición del concepto de simultaneidad ya no era posible introducir, al menos de manera natural, fuerzas que actuaran inmediatamente a distancia.

Lo más sencillo era conservar el potencial escalar de la gravitación de Laplace, y añadir a la ecuación de Poisson un término dependiente del tiempo, que cumpliera con la teoría de la relatividad restringida. También se tenía que adecuar a la teoría de la relatividad restringida la ley de movimiento de un punto másico en un campo gravitatorio. En este caso el camino a seguir ya no estaba tan claro, pues la masa inerte de un cuerpo podía depender del potencial gravitatorio. Esto incluso era de esperar en base a la ley de inercia de la energía.

Pero estas investigaciones dieron resultados que me hacían recelar. Según la mecánica clásica, la aceleración vertical de un cuerpo en un campo gravitatorio vertical, es independiente de la componente horizontal de la velocidad. Con esto está ligado el que la aceleración vertical de un punto másico, de un sistema mecánico, sea independiente de la energía cinética de dicho sistema. En mi teoría, la aceleración vertical en una caída libre no es independiente de la velocidad horizontal, o lo que es lo mismo, dicha aceleración depende de la energía interna del sistema.

Esto no se correspondía con las experiencias anteriores, según las cuales los cuerpos sometidos a un mismo campo gravitatorio adquieren la misma aceleración. Esta ley que también se puede formular como ley de igualdad entre la masa inerte y la masa pesante, sólo me inspiró en su sentido más profundo. Su vigencia me admiraba. Al mismo tiempo creía que en ella estaba la clave para la comprensión de la inercia y de la gravitación.

Rechacé el intento expresado antes de manejar el problema de la gravitación en el marco de la teoría de la relatividad restringida, pues no cumplía con los requisitos fundamentales que imponen las características de la gravitación. Intuitivamente, la ley de la igualdad entre la masa inerte y la masa pesante podía formularse así: en un campo gravitatorio homogéneo, los movimientos referidos a un sistema de coordenadas uniformemente acelerado son equivalentes a los movimientos que se realizan en ausencia de un campo gravitatorio. Si esta ley resultaba válida para sucesos arbitrarios (principio de equivalencia) era evidente que el principio de relatividad se tenía que extender a sistemas de coordenadas con aceleración variable entre sí, para llegar a una teoría natural de la gravitación. Estas reflexiones me mantuvieron ocupado desde 1908 hasta 1911, y me llevaron a extraer consecuencias de las que no me voy a referir aquí. Por de pronto, sólo era importante el descubrimiento de que únicamente a partir de una extensión del principio relativista se podía llegar a formular una teoría razonable de la gravitación.

Había que establecer una teoría cuyas ecuaciones mantuvieran invariable su forma al someter las coordenadas a transformaciones no lineales. Si esto sería válido para transformaciones de coordenadas totalmente arbitrarias, o bien sólo para algunas determinadas, no podía saberlo de antemano.

Pronto me di cuenta de que con la interpretación lograda mediante el principio de equivalencia, las transformaciones no lineales perdían su significado físico sencillo. Ya no podía exigirse que las diferencias de coordenadas expresaran el resultado inmediato de una medición realizada con patrones ideales. Tal descubrimiento me ocasionó grandes fatigas, pues me costó mucho tiempo descubrir el significado de las coordenadas en la física. La solución al dilema la encontré en 1912, a través de la siguiente reflexión:

Para empezar tenía que encontrar una nueva formulación de la ley de inercia, que en caso de que faltara un «campo gravitatorio al aplicar un sistema inercial», se convirtiera en un sistema de coordenadas, según la formulación de Galileo del principio de inercia. Esta nueva formulación es como sigue: un punto material sobre el que no actúe ninguna fuerza se representa en el espacio tetradimensional por una línea recta, esto es, por la línea más corta, o mejor dicho por una línea límite. Esta noción dota al concepto de longitud con una métrica. En la teoría de la relatividad restringida, esta métrica era, tal como la demostró Minkowski, quasi-euclidiana; esto significa que el cuadrado de la «longitud» de del elemento lineal es una determinada función cuadrática de las derivadas de las coordenadas.

Pero si mediante una transformación no lineal introducimos otras coordenadas, (ds^2) sigue siendo una función homogénea de las derivadas de las coordenadas, pero los coeficientes de esta función ($g\mu\nu$) ya no son constantes, sino que pasan a ser función de las coordenadas. Matemáticamente esto significa lo siguiente: el espacio físico (tetradimensional) posee una métrica de Riemann. Las líneas límites, variables con el tiempo, de esta métrica, proporcionan la ley del movimiento de un punto material sobre el que no actúe fuerza alguna, a excepción de la fuerza gravitacional. Los coeficientes ($g\mu\nu$) de esta métrica describen al mismo tiempo el campo gravitatorio respecto al sistema de coordenadas elegido. Con esto se había encontrado una formulación natural del principio de equivalencia, cuya extensión a un campo gravitatorio arbitrario significa una hipótesis absolutamente natural.

La solución del dilema expuesto más arriba, es por tanto la que sigue: sólo al conjunto formado por las derivadas de las coordenadas y la métrica de Riemann agregada, tiene un significado físico. Con esto se había conseguido una base para la teoría de la relatividad general. Pero aún se tenían que resolver dos problemas:

1. ¿Cómo se puede trasladar una ley de campo expresada en términos de la teoría de la relatividad restringida, al caso de una métrica de Riemann?

2. ¿Cuáles son las leyes diferenciales que definen por sí mismas una métrica de Riemann (esto es, $g\mu\nu$)?

Desde 1912 hasta 1914 trabajé junto con mi amigo Marcel Grossmann en la respuesta a estas dos preguntas. Descubrimos que ya existía el método matemático para la solución del primer problema en el cálculo diferencial e infinitesimal de Ricci y Levi-Civitá.

Para resolver el segundo problema se tenían que utilizar las ecuaciones diferenciales de segundo orden de las ($g_{\mu\nu}$). Pronto nos dimos cuenta de que éstas ya habían sido establecidas por Riemann (tensor de curvatura). Dos años antes de publicar la teoría de la relatividad general ya habíamos reflexionado sobre las ecuaciones del campo gravitatorio, pero no pudimos descubrir su utilidad física. Entonces creía que no podían corresponderse con la experiencia. Incluso creía que basándome en una reflexión general podría demostrar que una transformación arbitraria de las coordenadas respecto a una ley invariante de gravitación no sería compatible con el principio de causalidad. Este error me costó dos años de trabajo, hasta que en 1915 descubrí la conexión con los sucesos experimentales de la astronomía, tras volver a hacer uso del tensor de curvatura de Riemann.

Gracias a los descubrimientos realizados, lo alcanzado en esta teoría parece casi evidente y todo estudiante con inteligencia comprendió la teoría sin dificultad. Pero los largos años de búsqueda en la oscuridad, con sus fases de inseguridad y de cansancio, hasta llegar finalmente a descubrir la verdad, sólo los conoce aquel que los ha vivido.

El problema del espacio, del éter y del campo, en física

El pensamiento científico es el desarrollo del conocimiento precientífico. Como en este último juega un papel fundamental el espacio, tenemos que empezar por tanto con el concepto del espacio del conocimiento precientífico. Existen dos puntos de vista necesarios para comprender la formación de conceptos. El primero es el lógico-analítico. Responde a la pregunta: ¿cómo dependen los juicios de los conceptos? Al responderla pisamos sobre terreno relativamente seguro. Es la seguridad que en matemáticas nos infunde tanto respeto. Pero esta seguridad se consigue al precio de un contenido hueco. Los conceptos requieren contenido sólo cuando los relacionamos, aunque sea indirectamente, con las experiencias sensoriales. Pero esta relación no puede ser comprobada lógicamente, sólo puede ser experimentada. Y a pesar de todo esto, es esta relación la que determina la comprensión de los sistemas conceptuales.

Ejemplo: un arqueólogo perteneciente a una cultura posterior encuentra un tratado de geometría euclídea sin dibujos. Identificará la utilización de las palabras punto, recta, plano, en las proposiciones. También descubrirá cómo se deducen unas a partir de otras. Incluso será capaz de formular nuevas proposiciones valiéndose de las reglas que ha encontrado. Pero esta formulación de proposiciones será para él un juego de palabras carente de sentido, mientras bajo las palabras punto, recta, plano, etcétera, no pueda «pensarse algo». Sólo cuando éste sea el caso, la geometría adquirirá para él un significado propio. De manera semejante le ocurrirá con la mecánica analítica, y en general con la descripción de ciencias lógico-deductivas.

¿Qué quiere decir «pensarse algo», bajo las palabras punto, recta, plano, etcétera? Significa revelar el contenido experimental al que dichas palabras se refieren. Este problema, situado fuera de la lógica, constituye el problema esencial que el arqueólogo sólo podrá resolver intuitivamente, pasando revista a sus experiencias y mirando a ver si entre ellas puede encontrar algo que concuerde con la teoría y los axiomas enunciados. Sólo en este sentido se puede plantear de una manera razonable la pregunta acerca de la entidad de una cosa descrita abstractamente.

Al preguntar sobre la entidad de los conceptos precientíficos de nuestro pensamiento, nos hallamos casi en idénticas condiciones que las del arqueólogo. Por decirlo así, hemos olvidado los rasgos peculiares del mundo experimental que originaron la formación de tales conceptos y tenemos grandes dificultades en imaginarnos el mundo experimental sin distorsionarlo a través de la interpretación tradicional de los conceptos. Esta dificultad se agudiza al tener que operar nuestro lenguaje con palabras relacionadas irremediablemente con tales conceptos primitivos. Estos son los obstáculos con los que nos encontramos cuando queremos determinar el concepto pre-científico del espacio.

Antes de dedicarnos al problema del estudio del espacio, me gustaría hacer una observación sobre los conceptos en general: los conceptos se refieren a experiencias de los sentidos, pero no se pueden deducir de éstos de una manera lógica. Por este motivo nunca he podido comprender la pregunta sobre lo que se intuye a priori, según Kant. Las preguntas sobre la esencia de algo sólo pueden intentar descubrir el carácter del conjunto de experiencias sensoriales al que se refieren los conceptos.

En cuanto al problema del espacio, creo que ha de preceder al del objeto material. La modalidad de las impresiones y conjuntos de impresiones sensoriales que hayan originado este concepto, han sido expuestas muy a menudo. La respuesta a determinadas impresiones (caras, teclas) continuas a lo largo del tiempo y reiterables en el momento deseado, son algunas de estas características. Una vez se ha fijado el concepto de cuerpo material a través de tales experiencias tan determinantes (concepto que no presupone el concepto de espacio o relación espacial) se hace inevitable comprender ideológicamente las relaciones espaciales entre tales cuerpos materiales, y si es necesario, originar conceptos que concuerden con estas relaciones espaciales. Dos objetos materiales pueden estar separados o en contacto. En el primer caso se puede colocar otro tercero sin alterar los dos primeros; en el segundo caso resulta imposible. Estas relaciones espaciales son claramente reales en el mismo sentido que lo son los propios cuerpos. Si dos cuerpos son equivalentes para rellenar aquel espacio intermedio, entonces son equivalentes para rellenar cualquier otro espacio intermedio. De esta forma el espacio intermedio es independiente del cuerpo elegido para rellenarlo; lo mismo vale para una regla general, que para las demás relaciones espaciales. Es evidente que esta independencia representa una condición previa para la utilización de la formulación de conceptos puramente geométricos. Creo que este concepto de espacio intermedio generado por la elección especial del cuerpo que lo rellena, es el punto de partida para el concepto de espacio.

Contemplado desde el punto de vista de la experiencia sensorial, el desarrollo del concepto de espacio está ligado al siguiente esquema: objeto material; relaciones entre las posiciones de los cuerpos materiales; espacio intermedio; espacio. Según esto el espacio aparece como algo real en el mismo sentido que los objetos materiales.

Está claro que en el mundo de los conceptos no científicos existía el concepto del espacio como algo real. Pero la matemática de Euclides no conocía este concepto como tal, sino que tenía bastante con los conceptos de objeto, y de relación espacial entre objetos. Punto, recta, plano y distancia son la idealización de los objetos materiales. Todas las relaciones espaciales se originan a partir del concepto de contacto (rectas y planos que se cortan, puntos situados encima de una recta, etcétera). La continuidad del espacio no aparece en todo el sistema conceptual. Este concepto fue introducido por Descartes, describiendo el punto del espacio por sus coordenadas. Aquí aparecieron por primera vez figuras geométricas como partes de un espacio, concebido como un continuo tridimensional ilimitado.

La gran superioridad del tratamiento que hace Descartes del espacio, no consiste únicamente en que coloca el análisis al servicio de la geometría. El punto fundamental pienso que es como sigue: la geometría de los griegos privilegia ciertas figuras (recta, plano) en su descripción, otras figuras (por ejemplo, la elipse) sólo los puede abordar construyéndolos o definiéndolos a partir de las figuras punto, recta y plano. Por el contrario en el tratamiento de Descartes, todas las superficies tienen en principio el mismo valor, sin privilegiar arbitrariamente las figuras lineales en la construcción de la geometría.

Si interpretamos la geometría como la enseñanza de las regularidades de las situaciones recíprocas, entonces la tenemos que examinar como la rama más antigua de la física. Esta enseñanza (como ya se ha señalado) estaba en condiciones de ser entendida sin establecer el concepto de espacio como tal, pues tenía suficiente con manejar las imágenes idealizadas, punto, recta, plano y distancia. En cambio en la física de Newton era imprescindible la noción del espacio absoluto, en el sentido de Descartes. La dinámica necesita hacer uso de los conceptos de punto másico y de distancia variable con el tiempo entre los puntos másicos. En las ecuaciones del movimiento de

Newton, juega un papel fundamental la aceleración, ésta no puede ser definida sin el concepto auxiliar de distancia variable con el tiempo. La aceleración de Newton sólo se puede concebir, es decir definir, mediante el espacio absoluto. Junto a la realidad geométrica del espacio, apareció pues una función inercial del espacio. Cuando Newton definía el espacio como absoluto, se refería a que tenía que conferir al espacio un estado de movimiento muy determinado, que a pesar de todo no lo fijaban por completo los fenómenos de la mecánica. Este espacio era también absoluto en un segundo sentido: su efecto inercial era independiente, esto es, el espacio no era afectado por los acontecimientos físicos; actuaba sobre las masas, pero nada actuaba sobre él.

Y sin embargo, el espacio permaneció hasta hace poco tiempo, en la consciencia de los físicos, como el recipiente pasivo de todos los sucesos, y que por sí mismo no contribuía a los sucesos físicos. Esto empezó a cambiar con la teoría ondulatoria de la luz y la teoría de Faraday y Maxwell del campo electromagnético. Es evidente que en un espacio en el que no hay cuerpos existen condiciones en expansión ondulatoria, así como campos localizables capaces de ejercer fuerzas sobre masas eléctricas, por ejemplo, polos magnéticos. Como que a los físicos del siglo XIX les hubiera parecido completamente absurdo dotar al espacio de funciones físicas específicas, se pensó en un medio, el éter, transmisor de los sucesos luminosos y electromagnéticos.

Las características de este medio tenían que ser las de un campo electromagnético y se pensó que podrían ser mecánicas, similares a las deformaciones elásticas de los cuerpos rígidos. La elaboración de esta teoría mecánica del éter no llegaba a dar resultado; esto hizo que se renunciara a interpretar la naturaleza del campo del éter. El éter se convirtió en una materia cuya única función consistía en transmitir los campos eléctricos. Por consiguiente la imagen era ésta: el espacio estaba llenado por el éter y en éste nadaban los corpúsculos materiales como por ejemplo los átomos de la materia ponderable, pues la estructura atómica de la materia ya había sido demostrada a finales de siglo.

Debido a que las interacciones entre los cuerpos se tenían que realizar a través de los campos, tenía que existir también un campo gravitacional en el éter cuyas leyes aún no habían recibido una forma convincente. El éter no sólo era el medio de las fuerzas que actuaban a través del espacio. Desde que se descubrió que las partículas eléctricas en movimiento originaban un campo magnético cuya energía podía ser un modelo para la transmisión, se pensó que la transmisión se debía a una acción localizada del campo en el éter.

Las propiedades mecánicas del éter no estaban nada claras, hasta que se produjo el gran descubrimiento de H.A. Lorentz. Todos los fenómenos electromagnéticos que se conocían en aquella época se podían interpretar en base a dos suposiciones: el éter está fijo en el espacio, es decir, no se puede mover. La electricidad está fija en las partículas elementales. En la actualidad podemos expresar el descubrimiento de Lorentz así: el espacio físico y el éter son sólo dos expresiones diferentes para la misma cosa; los campos son los estados físicos del espacio. Pues si al éter no le corresponde ningún estado de movimiento no hay ningún motivo para introducirlo junto al espacio como si fuera un ente de naturaleza especial. Sin embargo, los físicos no admitían esta forma o manera de pensar. Para ellos el espacio todavía era un ente fijo y homogéneo, sin posibilidad de cambio. Sólo Riemann, incomprendido y solitario, se preocupó por establecer una nueva concepción del espacio hacia mediados del siglo pasado; en la que se segregaba al espacio su inmovilidad y se posibilitaba su participación en los sucesos físicos. Esta contribución es admirable teniendo en cuenta que fue anterior a la teoría del campo eléctrico de Maxwell-Faraday. Entonces llegó la teoría de la relatividad especial con el descubrimiento de la igualdad física de todos los sistemas inerciales. En conexión con la electrodinámica, como por ejemplo la ley de la propagación de la luz, se hizo patente la inseparabilidad del espacio y el tiempo. Hasta entonces se había supuesto tácitamente que el continuo tetradimensional de los sucesos se podía estructurar de manera objetiva en el tiempo y el espacio, es decir, que al «ahora» del mundo de los sucesos, le corresponda un significado absoluto. Con el descubrimiento de la relatividad de la simultaneidad, se fundieron el espacio y el tiempo y en un contínuo unitario, de manera parecida a como anteriormente se habían fundido las tres dimensiones espaciales en un contínuo homogéneo. El espacio físico se completó, formando así un espacio de cuatro dimensiones que incluía la dimensión temporal. El espacio tetradimensional de la teoría de la relatividad restringida es absoluto e inmóvil al igual que el espacio de Newton.

La teoría de la relatividad es un buen ejemplo de motivo básico en el desarrollo de una teoría. Las hipótesis de partida son cada vez más abstractas, están más lejos de la experiencia. Pero por otro lado estamos más cerca de los objetivos más importantes de la ciencia: abarcar con el mínimo número de hipótesis o axiomas posibles, el máximo de experiencias mediante la deducción lógica. Con esto, el camino intelectual que va de los axiomas a la experiencia, es decir, a las consecuencias verificables, se hace cada vez más largo y complejo. El teórico se ve forzado cada vez más a dejarse llevar por puntos de vista puramente matemáticos y formales en su búsqueda de teorías, ya que no es capaz de elevar las experiencias físicas del experimentador a un grado de abstracción tan alto. La deducción por tanteo se introdujo cuando en la ciencia prevalecían los métodos inductivos. Una estructura teorética de este tipo ha de estar muy desarrollada para poder ofrecer conclusiones que puedan ser comparadas con la experiencia. Es cierto que también aquí los hechos probados por la experiencia se erigen en jueces omnipotentes. Pero su lema sólo puede ser el resultado de un difícil y gran trabajo intelectual que supere la distancia existente entre los axiomas y las consecuencias que puedan ser verificadas. Este trabajo lo ha de llevar a cabo el teórico con el convencimiento de que quizá sea el primer paso para sentenciar la muerte de su propia teoría. Al teórico que realiza un trabajo de este tipo no deberíamos tacharlo de caprichoso, en un sentido peyorativo, sino que se lo tendríamos que agradecer, ya que para él no hay ningún otro camino que lo lleve a la meta. De todas maneras no se trata de unos caprichos sin ton ni son, sino de la búsqueda de las posibilidades lógicas más sencillas y sus consecuencias. Este *captatio benevolentiae* era necesario para que el lector estuviera más inclinado a leer con interés las ideas que ahora siguen: es la asociación de pensamientos que han llevado de la teoría de la relatividad restringida a la general y de ésta a la teoría de campo unificado. En su explicación no se puede prescindir por completo de la utilización de signos matemáticos.

Empezamos con la teoría de la relatividad especial. Esta, aún se basa en una ley empírica, cual es la constancia de la velocidad de la luz. Sea P un punto en el vacío, P' un punto alejado del primero una distancia infinitesimal d.

Del punto P parte en el instante de tiempo t, un impulso de luz que llega al punto P en el instante t+dt.

Entonces:

$$D\sigma = c^2\, dt^2$$

Sean dx_1, dx_2, dx_3, las proyecciones ortogonales de $D\sigma$,e introduzcamos la coordenada de tiempo imaginaria $\sqrt{-1}\, ct = x_4$, entonces la ley de la constancia de la luz expresada anteriormente, toma la forma de:

$$ds^2 = dx_1^{\ 2} + dx_2^{\ 2} + dx_3^{\ 2} + dx_4^{\ 2} = 0$$

Como que esta fórmula expresa un estado real, a la distancia d se le podrá suscribir un significado real, incluso cuando los puntos del contínuo tetradimensional P y P' sean elegidos de manera que el d que les corresponda no desaparezca. Esto se expresa de la siguiente manera: el espacio tetradimensional (con coordenadas de tiempo imaginarias) de la teoría de la relatividad especial posee una métrica euclidiana. Que a una métrica de este tipo se le llame euclidiana, está relacionado con lo siguiente: la introducción de una métrica de este tipo en un continuo tetradimensional es totalmente equivalente a la introducción de los axiomas de la métrica euclidiana. Esta identidad no es otra cosa que el teorema de Pitágoras aplicado a coordenadas diferenciales.

Este cambio de coordenadas es posible en la teoría de la relatividad especial (a través de una transformación), ya que en las nuevas coordenadas superficie ds (invariante fundamental) también se expresa como la suma de los cuadrados en las nuevas coordenadas diferenciales. Estas transformaciones reciben el nombre de transformaciones de Lorentz.

Los métodos inventivos de la teoría de la relatividad especial están caracterizados por la siguiente proposición (teorema): sólo son admisibles aquellas ecuaciones que expresan leyes de la naturaleza con cuya forma no se altera, al cambiar las coordenadas, usando una transformación de Lorentz (covariancia de las ecuaciones frente a transformaciones de Lorentz).

Con este método se descubrió la relación indispensable entre impulso y energía, entre electricidad y campo magnético, entre las fuerzas electroestáticas y electrodinámicas, entre portadores de masa y energía, y como consecuencia se redujeron el número de conceptos independientes y de ecuaciones fundamentales de la física.

Este método aún nos podía llevar más lejos si formulábamos la siguiente pregunta: ¿es cierto que las ecuaciones que expresan las leyes de la naturaleza sólo son con variantes frente a transformaciones de Lorentz, pero no frente a otras transformaciones?

Pues bien, esta pregunta así formulada no tiene sentido, puesto que todo sistema de ecuaciones puede ser expresada en coordenadas generalizadas. (Generales como universales.) Hay que preguntar: ¿las leyes de la naturaleza no están hechas de tal manera que por la elección de unas coordenadas cualesquiera no experimenten una significación apreciable?

Dicho sea de paso, nuestra Ley experimental de la igualdad entre la masa inercia y la masa pesante está próxima a contestar la pregunta anterior afirmativamente. Si convertimos en principio la equivalencia de todos los sistemas de coordenadas para las leyes de la naturaleza, llegamos a la teoría de la relatividad general; si nos atenemos a la ley de la constancia de la luz como por ejemplo la hipótesis del significado objetivo de la métrica euclídea, al menos, para partes infinitesimales del espacio tetradimensional.

Esto significa que para regiones finitas del espacio (fisicamente razonable) la existencia de la métrica generalizada de Riemann se presupone según la fórmula:

$$ds^2 = \sum_{\mu\nu} g\mu\nu dx^\mu dx^\nu.$$

donde el sumatorio se ha de realizar desde 11 hasta 44 para todas las combinaciones de índices posibles.

La estructura de este espacio se diferencia del espacio euclídeo principalmente por una causa. Por de pronto los coeficientes son funciones arbitrarias de las coordenadas x_1 a x_4 y la estructura del espacio no está determinada hasta que no sea conocida la función $g\mu\nu$. También se puede decir que la estructura de un espacio tal está, por sí mismo, completamente indeterminado. Queda más determinado cuando se indican leyes a las que les basta el campo métrico de $g\mu\nu$. Con esto perduró, basado en motivos físicos, el convencimiento de que el campo métrico coincidía con el campo gravitatorio.

Debido a que el campo gravitatorio queda determinado por la configuración de masas y varía al variar dicha configuración, la estructura geométrica de este espacio depende también de factores físicos. El espacio ya no es pues, según esta teoría (exactamente como lo había presentido Riemann) absoluto, si no que su estructura depende de influencias físicas. La geometría (física) no es una ciencia encerrada en sí misma, más que la geometría de Euclides.

El problema de la gravitación quedó reducido a un problema matemático de la siguiente forma: se han de buscar las ecuaciones más simples posibles, que sean covariantes frente a transformaciones arbitrarias de coordenadas. Este es un problema ciertamente delimitado, que al menos pudo ser resuelto.

No quiero hablar aquí de la confirmación de la teoría por la experiencia, si no exponer inmediatamente por qué esta teoría no se podía dar definitivamente por satisfecha con este éxito. Es cierto que la gravitación se había relacionado con la estructura del espacio, pero aparte del campo gravitacional existe el campo electromagnético. En primer lugar, este último tuvo que ser introducido en la teoría con independencia de la gravitación. En las ecuaciones del campo se tuvieron que añadir miembros adicionales, que correspondieran al campo electromagnético. Pero para el espíritu teórico era insoportable que existieran dos estructuras independientes entre sí del espacio, a saber, la métrico-gravitacional y la electromagnética. Uno se siente impulsado al convencimiento de que las dos clases de campos tienen que corresponder a una estructura homogénea del espacio.

Johannes Kepler

En una época tan turbulenta, tan llena de preocupaciones como la nuestra, en la que es difícil tener esperanzas respecto a los hombres y al desarrollo de la humanidad, reconforta recordar a un hombre tan extraordinario y sereno. Vivió en una época en la que el fundamentar unas leyes generales de la naturaleza no era seguro. Qué grande debió ser su fe en que esas leyes existían para obtener la fuerza necesaria para sacrificar tantos años de paciente trabajo solitario. Sin apoyo de nadie, con la comprensión de pocos, se dedicó a investigar empíricamente los movimientos planetarios, y a buscar regularidades matemáticas en ellos. Si queremos honrar su memoria con la dignidad que merece, tenemos que plantearnos su problema y las etapas de su resolución lo más claramente posible.

Copérnico había abierto los ojos a los más inteligentes. Les hizo ver que la manera más fácil de entender el movimiento aparente de los planetas, era interpretarlo como circulación en torno del Sol, considerado inmóvil. Si el movimiento de un planeta hubiera sido simétrico a lo largo de un círculo alrededor del Sol, habría resultado relativamente sencillo descubrir qué apariencia tendría tal movimiento visto desde la Tierra. Pero como había aspectos mucho más complicados, el cometido encontraba obstáculos. Primero había que determinar los movimientos empíricamente, a partir de las observaciones planetarias de Tycho Brahe. Sólo hecho esto podía pensarse en encontrar las leyes generales que los ordenaban.

Para comprender lo difícil que era determinar los movimientos de la Vía Láctea, hay que tener claro lo siguiente: nunca se ve la posición verdadera que ocupa un planeta en un momento determinado. Sólo se ve la dirección en que puede ser visto desde la Tierra en aquel instante. Pero al mismo tiempo dicho planeta está describiendo un movimiento de naturaleza desconocida alrededor del Sol. Las dificultades en aquel momento parecían invencibles.

Kepler tenía que encontrar un camino para poner orden en este caos. Primero reconoció que lo que había que intentar primero era determinar el movimiento de la propia Tierra. Hubiera sido imposible si sólo hubieran existido la Tierra, el Sol y las estrellas fijas, pero no otros planetas. Pues empíricamente sólo podría averiguarse cómo cambia la dirección de la recta que une la Tierra con el Sol a lo largo del año (movimiento aparente del Sol con respecto a las estrellas fijas). Esto implicaría la posibilidad de pensar que estas direcciones ocupaban una región también fija con respecto a las estrellas fijas. Al menos según lo revelaban las observaciones de aquella época, realizadas sin telescopios. Lo mismo era tratar de averiguar la rotación alrededor del Sol de la línea que une el Sol con la Tierra. Resultó que la velocidad angular de este último movimiento variaba regularmente a lo largo del año. Esto no era de gran ayuda, pues aún no se sabía cómo variaba la distancia Tierra-Sol a lo largo del año. Sólo cuando se supo ésta se pudo entender la forma de la órbita de la Tierra, así como la manera en que la Tierra la recorría.

Kepler descubrió una salida fantástica a este dilema.

De las observaciones del Sol se desprendía en primer lugar que su movimiento aparente en relación con las estrellas fijas era más o menos rápido según la época del año. Pero que la velocidad angular de este movimiento era siempre la misma en la misma época del año astronómico. Por consiguiente, la velocidad de rotación de la recta que une al Sol con la Tierra era la misma cuando señalaba a una determinada región de las estrellas fijas. O sea: se podía conjeturar que la órbita de la Tierra era cerrada, y que la Tierra la recorría cada año de la misma manera. Esto no era de ninguna manera evidente a priori. Para los seguidores del sistema copernicano ello se podía afirmar con toda seguridad de las demás órbitas.

Lo cual era sin lugar a dudas una facilidad. ¿Pero cómo determinar entonces la auténtica forma de la órbita? Imaginemos que en alguna región de la órbita se encuentra una linterna luminosa M, de la que supiéramos que su posición permanece fija, por lo que se convierte en un punto de triángulo fijo para la determinación de la órbita de la Tierra y además visible para los habitantes de la Tierra en cualquier época del año. Esta linterna M está más alejada del Sol que de la Tierra. Con la ayuda de una linterna de este tipo se determinó la órbita de la Tierra de esta manera:

Para empezar: en cada año hay un instante de tiempo en el que la Tierra T está precisamente encima de la línea que une al Sol S con la linterna M. Si en este instante de tiempo vemos la linterna M, entonces esta dirección es la misma que la dirección de la línea SM (Sol-linterna). Imaginemos que esta última está marcada en una zona del cielo. Ahora imaginemos a la Tierra en otra posición y en otro instante de tiempo. Y como desde la Tierra podemos ver tanto al Sol como a la linterna, el ángulo de T en el triángulo STM sería conocido. Pero como también se podría establecer la dirección ST por observación directa del Sol, y antes se había determinado para siempre la dirección SM, también conocemos el ángulo S del triángulo STM. Estamos ahora en condiciones de construir el triángulo STM en un papel, a partir de una elección arbitraria de SM. Esta construcción se podría repetir a lo largo del año, y cada vez obtendríamos una posición de T con la correspondiente fecha y para una línea SM, que una vez elegida se mantiene fija. Con esto estaría empíricamente determinada toda la órbita de la Tierra.

Pero, argumentaréis, ¿de dónde sacó Kepler su linterna? Se la proporcionó su genio, y la naturaleza (en este caso favorable). Pues existía el planeta Marte. Y se sabía la duración del año en Marte, es decir, una vuelta de Marte alrededor del Sol. Hay un momento en que la Tierra, el Sol y Marte están alineados. Esta posición de Marte se repite cada vez al cabo de uno, dos, tres, etcétera, años marcianos, ya que la órbita de Marte es también cerrada. En estos instantes de tiempos conocidos, SM forma cada vez la misma línea, mientras que la Tierra está cada vez en una posición diferente de su órbita. Las observaciones del Sol y de Marte, en los instantes de tiempo que de esta manera han sido privilegiados, forman un medio para determinar la verdadera órbita de la Tierra, en el que aquellas posiciones de Marte juegan el papel de la linterna fingida, ya explicado. De esta manera descubrió Kepler la forma de la órbita de la Tierra y la manera como la recorría. Nosotros, los seres humanos que hemos nacido más tarde, europeos, alemanes y suavos, debemos apreciarlo y admirarlo por todo esto.

Una vez determinada empíricamente la órbita de la Tierra se conocía la verdadera magnitud y dirección de la línea S para cada instante, y en principio Kepler ya no debía tener grandes dificultades para obtener las órbitas de los restantes planetas a partir de las observaciones planetarias. Pero, dado el desarrollo de las matemáticas en aquel tiempo, este trabajo era una tarea gigantesca.

Entonces se planteaba ante Kepler la segunda parte del problema o trabajo, no por ello más fácil. Ya se conocían empíricamente las órbitas, pero basándose en los resultados empíricos había que descubrir las leyes que las gobernaban.

En primer lugar había que establecer una suposición acerca de la naturaleza matemática de las órbitas, y luego comprobarla utilizando para ello una ingente cantidad de datos. En caso de no concordar, había que buscar otra hipótesis y volver a comprobarla. Tras una larga búsqueda pudo por fin comprobar una hipótesis: la órbita es una elipse y el Sol ocupa uno de sus focos. También encontró la ley según la cual variaba la velocidad a lo largo del recorrido: en intervalos de tiempo iguales la línea Tierra-Sol barre superficies iguales. También descubrió que los cuadrados del período de revolución eran proporcionales a las terceras potencias de los ejes mayores de las elipses.

La admiración por este hombre está asociada al sentimiento de admiración y respeto por la enigmática armonía de la naturaleza en la que hemos nacido. Ya en la antigüedad los hombres imaginaban las regularidades más simples. Entre éstas estaban en primer lugar, junto a la recta y el círculo, la elipse y la hipérbole. Estas últimas formas las vemos realizadas en las órbitas de los cuerpos celestes al menos con gran aproximación.

Parecería que la razón humana debía construir en primer lugar las formas, antes de poderlas comprobar en las cosas. En la obra de Kepler se pone de manifiesto, con gran claridad, que el saber no puede surgir de la mera experimentación, sino que sólo surge de la comparación entre lo ideado y lo observado.

La mecánica de Newton y su influencia en el desarrollo de la física teórica

En estos días se cumplen doscientos años de la muerte de Newton. Es imprescindible reflexionar sobre este genio que ha mostrado con tanta claridad al pensamiento occidental y a la investigación el camino a seguir. No sólo eraun inventor genial, sino que también dominaba de una manera extraordinaria el material teórico conocido en su época, y además era increíblemente creativo en lo que a demostraciones matemáticas y flsicas se refiere. Por todos estos méritos se hace merecedor de nuestra mayor estima. Por esto Newton sobrepasa la imagen que tenemos de él, la de un maestro, más aún si tenemos en cuenta que el destino le situó en un momento crítico del desarrollo intelectual. Para comprenderlo mejor tenemos que considerar que antes de Newton no existía ningún sistema cerrado de causalidad física, mediante el cual se pudieran reproducir las características del mundo experimental.

Es cierto que los grandes materialistas de la antigua Grecia habían alentado la creencia de que todos los sucesos materiales se debían atribuir al movimiento estrictamente regulado de los átomos, sin que con ello la voluntad de los seres vivos apareciera como un hecho independiente. También es cierto que Descartes había recogido, a su manera, dicho objetivo. Pero esto quedó en un deseo denodado, en el ideal problemático de una escuela filosófica. Antes de Newton apenas existían resultados auténticos, que sustentaran la confianza en la existencia de una causalidad física ininterrumpida.

La meta de Newton era contestar a la pregunta: ¿existe una regla sencilla mediante la cual poder calcular íntegramente el movimiento de los cuerpos celestes de nuestro sistema planetario, si conocemos el movimiento de todos ellos en un instante determinado? Las leyes empíricas de Kepler, determinadas en base a las observaciones de Tycho Brahe estaban a la vista y pedían una interpretación. En la actualidad todo el mundo conoce el trabajo que significó encontrar tales leyes a partir de las órbitas determinadas teóricamente. Pero pocos reflexionan sobre el método genial que usó Kepler para determinar las órbitas verdaderas a partir de las aparentes, esto es, a partir de las direcciones observadas desde la Tierra. Estas leyes daban respuesta a la pregunta de cómo se movían los planetas alrededor del Sol: forma elíptica de las órbitas, igualdad en las áreas barridas por los rayos vectores en tiempos iguales, proporcionalidad entre los semiejes mayores y los períodos de revolución. Pero estas reglas no solucionan el problema de la causalidad. Son tres reglas lógicas e independientes que no pueden ser relacionadas. La tercera ley no puede ser transferida sin más a otro cuerpo central que no sea el Sol (por ejemplo: no existe ninguna proporcionalidad entre el período de revolución de un planeta alrededor del Sol y el período de revolución de la Luna alrededor de su planeta). Pero lo más importante es que las leyes aluden al movimiento en su totalidad y no a un estado de movimiento de un sistema que existe como consecuencia de otro precedente. En nuestro lenguaje actual se llaman leyes integrales, y no leyes diferenciales.

Para el físico moderno, las leyes diferenciales son aquellas que por sí solas ofrecen respuesta satisfactoria al problema de la causalidad. La clara concepción de Newton de ley diferencial es una de sus tareas intelectuales más importantes. No sólo era necesario el concepto, sino también el formalismo matemático, que si bien existía en forma rudimentaria, aún tenía que alcanzar una sistematización.

Newton también encontró la solución en el cálculo diferencial e integral. Respecto a esto, puede dejarse de lado la discusión de si Leibniz llegó a los mismos métodos matemáticos con independencia de Newton. Sea como fuere su desarrollo fue necesario para que Newton pudiera expresar sus teorías.

Un comienzo importante en la comprensión de las leyes del movimiento había sido ya realizado por Galileo. Él fue quien encontró las leyes de inercia y de la caída libre en el campo gravitatorio de la Tierra: una masa (más exactamente un punto material) no influida por otras masas se mueve uniformemente y en línea recta. La velocidad vertical de su cuerpo libre crece en el campo gravitatorio proporcionalmente al tiempo. Hoy nos puede parecer que del descubrimiento de Galileo hasta las leyes de Newton sólo hay un pequeño paso. Pero debe tenerse en cuenta que las dos proposiciones expresadas antes se refieren al movimiento considerado como un todo, mientras que las leyes del movimiento de

Newton dan una respuesta a la pregunta: ¿cómo varía el estado de movimiento de un punto básico sometido a una fuerza exterior en un intervalo de tiempo infinitesimal? Sólo cuando se pasó a plantear la pregunta anterior para un tiempo infinitesimalmente pequeño (ley diferencial) pudo Newton formular las leyes válidas para cualquier movimiento. El concepto de fuerza lo tomó de la estática. La relación entre fuerza y aceleración sólo pudo establecerla mediante la introducción del nuevo concepto de masa, concepto que curiosamente se sustenta en una definición aparente. En la actualidad estamos tan acostumbrados a la formación de conceptos a partir de cocientes de derivadas que casi no podemos valorar el grado de abstracción necesario para llegar a establecer la ley general diferencial del movimiento, para lo cual se tenía que descubrir además el concepto de masa.

Con esto, sin embargo, no se había alcanzado una concepción causal del movimiento. Pues las ecuaciones del movimiento sólo lo definían cuando la fuerza era conocida. Newton creía, influido por las leyes que regían los movimientos planetarios, que la fuerza que actuaba sobre una masa quedaba determinada por la posición de todas las masas que se encontraban suficientemente cerca de esa masa considerada. Sólo cuando se conoció esta conexión, quedó determinada una concepción íntegramente causal del movimiento. La manera en que Newton llegó a resolver este problema (a partir de las leyes del movimiento de los planetas de Kepler) y cómo llegó a descubrir la entidad de las fuerzas que actuaban sobre los astros y el peso, es conocida universalmente. Sólo la asociación de:

(ley del movimiento) + (ley de atracción)

configura la extraordinaria idea de que a partir del estado existente en un momento pueden calcularse tanto los estados anteriores como los posteriores, siempre y cuando los sucesos tengan lugar bajo la única acción de la fuerza gravitacional. La armonía lógica del sistema conceptual de Newton consistía en que las únicas responsables de las aceleraciones de las masas de un sistema eran las propias masas.

En base a eso, Newton pudo explicar minuciosamente los movimientos de los planetas, lunas y cometas, así como las mareas, el movimiento de precisión de la Tierra, una tarea deductiva de extraordinario valor. Especialmente admirable tuvo que ser el descubrimiento de que la causa fundamental de los movimientos de los astros fuera idéntica a nuestra experiencia cotidiana de los cuerpos corrientes.

El valor de la obra de Newton no consistía sólo en que había proporcionado una útil y duradera base a la mecánica, sino que hasta finales del siglo XIX formó el programa de todos los investigadores de la física teórica. Todos los sucesos físicos tenían que ser atribuidos a las masas sujetas a las leyes de Newton. Únicamente la ley de fuerzas tenía que ser ampliada, con miras a los tipos de sucesos en perspectiva. El mismo Newton intentó aplicar este suceso a la óptica, suponiendo que la luz está constituida por corpúsculos inertes. También la óptica de la teoría ondulatoria se sirvió de las leyes del movimiento de Newton, después de aplicarla a masas en continua expansión. La teoría cinética del calor, que no sólo preparaba el camino para el descubrimiento de la ley de conservación de la energía sino que también ofrecía una teoría de los gases y un conocimiento más profundo de la entidad de la segunda ley fundamental de la termodinámica, estaba basada sólo en las ecuaciones del movimiento de Newton.

También la electricidad y el magnetismo se desarrollaron hasta nuestra época a la sombra sus las ideas básicas de

Newton. Incluso la revolución de la electrodinámica y de la óptica por Faraday y Maxwell, que significó el primer paso importante en los fundamentos de la física teórica desde Newton, se llevó a cabo bajo las ideas de Newton. Maxwell, Boltzmann y Lord Kelvin no se cansaron de intentar atribuir los intercambios dinámicos a propiedades de masas hipotéticas en continua expansión. Pero debido a la infructuosidad o al menos, al fracaso de tales esfuerzos, a partir de finales del siglo XIX poco a poco fueron alterándose los puntos de vista intuitivos. La física teórica se levantó por encima del marco newtoniano, que había guiado a la ciencia durante casi doscientos años.

Los principios básicos de Newton eran desde el punto de vista lógico tan satisfactorios, que el estímulo para llevar a cabo innovaciones tenía que venir de los hechos experimentales. Antes de entrar en ello, tengo que hacer resaltar que el propio Newton conocía mejor las partes débiles de su teoría que las generaciones que le sucedieron. Ello siempre ha provocado mi más profunda admiración. Por eso me gustaría profundizar un poco más:

1. Pese a que toda la obra de Newton está caracterizada por su adhesión a la experiencia, a la intención de introducir la menor cantidad posible de conceptos que no puedan ser relacionados con hechos de la experiencia, estableció no obstante los conceptos de tiempo y espacio absolutos. En nuestra época esto se le ha reprochado frecuentemente. Pero Newton es muy consecuente en este punto. Se había dado cuenta de que las magnitudes geométricas observadas y el consiguiente movimiento temporal no quedaban totalmente caracterizadas por su relación física. Esto lo demuestra su famoso experimento del cubo. Por tanto existe algo, aparte de las masas y de las distancias a que se encuentran unas de otras, que es

determinante en el acontecimiento. Este «algo» lo interpreta Newton como la relación con el «espacio absoluto». Reconoce que el espacio ha de poseer una especie de realidad física si deben tener sentido sus leyes del movimiento. Una realidad de la misma especie que la que poseen el punto y sus distancias.

Este descubrimiento pone de manifiesto la inteligencia de Newton, pero también la parte débil de su teoría. Pues la estructuración lógica de ésta sería más satisfactoria sin este concepto tan etéreo. Y en sus leyes sólo habrá objetos puntos másicos, distancias) cuyas relaciones con la observación son completamente claras.

2. La introducción inesperada de fuerzas que actúan instantáneamente a distancia para la descripción de las acciones gravitatorias no concuerda con el carácter de la mayoría de los sucesos que conocemos de nuestras experiencias cotidianas. Esta consideración se la plantea Newton cuando dice que su ley sobre las interacciones entre los pesos no debe ser una última explicación sino una regla inducida de la experiencia.

3. Las enseñanzas de Newton no ofrecían ninguna explicación al curioso hecho de que el peso y la inercia de un cuerpo se determinaran con la misma magnitud (la masa). Pero también la singularidad de este hecho se le había ocurrido.

Ninguno de estos tres puntos tiene categoría de objeción lógica contra la teoría. Hasta cierto punto sólo se deben al irresistible deseo que mueve al espíritu científico de alcanzar una comprensión intelectual de los hechos naturales.

La teoría de Newton concebida como programa para toda la física teórica recibió su primera embestida de la teoría de la electricidad de Maxwell. Se demostró que las interacciones entre los cuerpos mediante cuerpos eléctricos o magnéticos no se debían a fuerzas distantes que actuaban instantáneamente, sino a sucesos que se transmitían a través del espacio con una velocidad finita. Junto al punto másico y su movimiento según la concepción de Faraday, nació una nueva clase de objeto real físico: «el campo». Se intentó interpretar éste sustentándose en la manera de pensar de la mecánica, como un estado (de movimiento o de fuerzas) mecánico de un medio hipotético (el éter) que llenaba el espacio. Pero como esta interpretación no daba resultado a pesar de todos los esfuerzos que se le dedicaron, se adquirió poco a poco la costumbre de considerar el «campo electromagnético» como el último objeto irreducible de la realidad física. A Heinrich Hertz debemos la separación del concepto de campo de los accesorios de la mecánica. A H.A. Lorentz debemos que desligara el concepto de campo del de transportador material. Finalmente como portador del campo sólo figuraba el espacio físico y vacío o éter, que ya en la mecánica de Newton no estaba desprovisto de toda función física. Cuando se había realizado este desarrollo hasta el final, ya nadie creía en acciones inmediatas a distancia de las fuerzas, ni tan sólo de la gravitación, a pesar de que una teoría de campo de esta última aún no se había trazado con suficiente determinación. El desarrollo de la teoría del campo electromagnético indujo, tras el abandono de la hipótesis de las fuerzas actuantes, a distancia de Newton, a intentar explicar las leyes del movimiento de éste a través del electromagnetismo, es decir, sustituirlas por unas leyes más exactas basadas en lateoría de campos. Aunque estos esfuerzos no tuvieron éxito, los principios básicos de la mecánica ya no siguieron siendo considerados como los fundamentos de la física.

La teoría de Maxwell-Lorentz llevó necesariamente a la teoría de la relatividad restringida, que al destruir el concepto de la simultaneidad absoluta, negaba la existencia de fuerzas que actuaran instantáneamente a distancia. Esta teoría demostraba que la masa no era una magnitud invariable, sino que dependía de la energía. También probaba esta teoría que las leyes del movimiento de Newton sólo eran válidas para determinadas velocidades, es decir, para velocidades pequeñas. En su lugar establecía una nueva ley del movimiento en la que la velocidad de la luz en el vacío aparecía como velocidad límite.

El último paso en el desarrollo del programa de la teoría de campos estaba formado por la teoría de la relatividad general. Cuantitativamente, modificaba en muy poco la teoría newtoniana. Pero en cambio cualitativamente la modificaba profundamente. La inercia, gravitación y comportamiento métrico de los cuerpos y relojes se reducían a cualidades del campo. Este campo a su vez dependía de los cuerpos (generalización de la ley de gravitación de Newton, por ejemplo, de la ley de campo que de dicha ley se desprendía según lo formulado por Poisson). Con esto no se había despojado al espacio y al tiempo de su realidad, pero sí de su entidad absoluta causal (influyente pero no influida), que les tuvo que adscribir Newton para poder dar significado a las leyes que se conocían en aquel tiempo. La ley generalizada de la inercia asume el papel de las leyes del movimiento de Newton. En esta corta exposición se hace patente cómo pasaron los elementos de la teoría newtoniana a la teoría generalizada de la relatividad, con lo que se superaron tres insuficiencias. Parece ser que en el marco de la teoría de la relatividad general se pueden deducir las leyes del movimiento, a partir de las leyes del campo que corresponden a la ley de fuerzas de Newton.

Sólo cuando se haya relacionado este propósito se podrá hablar de una teoría de campos pura.

Incluso en un sentido más formalista, la mecánica de Newton ha preparado el camino a la teoría de campos. La ampliación de la mecánica de Newton a las masas en continua expansión condujo necesariamente a las ecuaciones diferenciales parciales. Estas a su vez ofrecieron el lenguaje para las leyes de la teoría de campos. En este aspecto formal, la concepción de Newton de ley diferencial supuso el primer paso decisivo del subsiguiente desarrollo.

Todo el desarrollo de nuestras ideas sobre los sucesos de la naturaleza que hasta ahora se tenían en cuenta podría ser concebido como una evolución orgánica del pensamiento de Newton. Pero durante el desarrollo científicode la teoría de campos la radiación térmica, los espectros y la radioactividad revelaron el límite del sistema teórico de Newton; límite que aún hoy nos parece en algunas partes poco menos que insuperable. Muchos físicos y no sin argumentos de peso, opinaban que la radiación térmica, los espectros y la radioactividad, etcétera, no sólo no cumplían las exigencias de la ley diferencial sino que tampoco las de la ley de causalidad, hasta ahora el último postulado fundamental de todas las ciencias de la naturaleza. Incluso se niega la posibilidad de una construcción espacio-temporal que pudiera ser agregada unívocamente a los sucesos físicos. El que un sistema mecánico con sólo valores discretos de energía pueda ser deducido de una teoría de campos -como, por decirlo así, enseña directamente la experiencia apenas parece posible actualmente. El método de Schrödinger y de Broglie, que en cierta manera posee las características de una teoría de campo, ciertamente deduce, en concordancia asombrosa con los hechos de la experiencia, la existencia exclusiva de estados discretos, basándose en ecuaciones diferenciales de una especie de observación de la resonancia; pero el método tiene que renunciar a una localización de las partículas y a las leyes fuertemente causales. ¿Quién sería tan valiente como para decidir que habían de abandonarse definitivamente las leyes de causalidad y de diferenciación, últimas premisas de la observación de la naturaleza newtoniana?

El barco de Flettner

La historia de los descubrimientos científicos y técnicos nos muestra que los seres humanos somos pobres en pensamientos independientes y en fantasía creadora. Aun cuando existan desde hace mucho tiempo las condiciones externas y científicas para la formación de una idea, generalmente se necesita un motivo exterior para que se lleve a cabo. Un precioso ejemplo de lo dicho es el actual asombro del mundo entero ante el barco de Flettner. El caso tiene otro encanto especial debido a que el funcionamiento de los rotores de Flettner sigue siendo un misterio para los legos, a pesar de que sólo esté basado en efectos mecánicos que todo el mundo cree dominar.

La base científica para el descubrimiento de Flettner tiene en realidad unos doscientos años de antigüedad. Existe desde que Euler y Bernoulli formularon las leyes elementales para los movimientos sin rozamiento de los fluidos. Pero la posibilidad de llevarlo a la práctica sólo existe desde hace pocas décadas, cuando se empezaron a construir motores pequeños. Incluso entonces no se realizó el descubrimiento. Llegó sólo después de que ocurrieran una serie de casualidades de la experiencia.

El funcionamiento del barco de Flettner está emparentado con el del velero. Pues al igual que en el caso del velero sólo utiliza el viento como fuerza motriz. En este barco, el viento en vez de obrar sobre las velas obra sobre unos cilindros verticales de hojalata, que mantienen su movimiento de rotación gracias a unos pequeños motores. Estos motores sólo deben superar el rozamiento de los cilindros. Los cuales se parecen a las chimeneas de los vapores, pero son dos veces más altos y más gruesos. La superficie que ofrecen al viento es unas diez veces menor que la jarcia de un velero de igual potencia.

El lego pregunta desesperadamente: «¿Cómo pueden llegar a conseguir los cilindros un movimiento de rotación?». Intentaré contestar a esta pregunta sin echar mano de las matemáticas.

En todos los movimientos de fluidos (líquidos y gases) en que se puedan dejar de lado los efectos del rozamiento es válida la siguiente ley: Si un fluido uniforme tiene en diferentes sitios diferentes velocidades, entonces la mayor presión se ejerce en los sitios de menor velocidad y viceversa. Esto es fácil de comprender a partir de la ley elemental del movimiento. Si en el movimiento de un fluido existe una velocidad que crece de izquierda a derecha, cada partícula del fluido experimenta una aceleración al moverse de izquierda a derecha. Para que se origine dicha aceleración es necesario que sobre la partícula obre una fuerza que vaya de derecha a izquierda. Esto implica que la presión existente en el límite izquierdo de la partícula será mayor que la presión existente a la derecha.

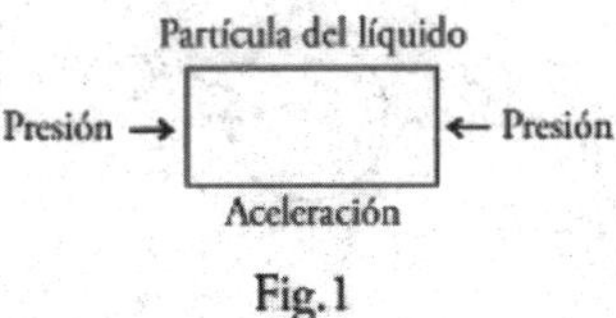

Fig. 1

De esto se desprende que la presión sobre el cilindro es mayor a la izquierda que a la derecha.

Esta ley de proporcionalidad inversa entre la presión y la velocidad permite estimar la presión ejercida por el movimiento de un gas o de un líquido cuando conozcamos la distribución de velocidades en el fluido. Antes de todo quiero explicar un sencillo ejemplo, conocido por todos: el pulverizador de perfume.

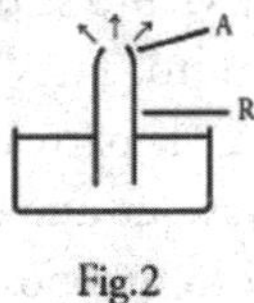

Fig.2

El aire, comprimido al apretar un globo, sale a gran velocidad por un tubo ensanchado, situado en A. El aire se expande en todas direcciones con velocidad menguante. Según nuestra ley, en A hay una presión menor debido a la gran velocidad que hay en un punto alejado de la abertura. Por consiguiente si tenemos un tubo T y colocamos su abertura superior en un lugar de gran velocidad, mientras que colocamos la abertura inferior en un recipiente que contiene cualquier fluido, la presión inferiorque existe en A aspirará el líquido hacia arriba, el cual se convertirá en pequeñas gotas al salir de A.

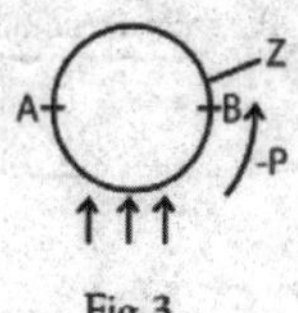

Fig.3

Tras este ejemplo a modo de introducción, consideremos el movimiento de un fluido en un cilindro de Flettner, C, visto desde arriba. De momento está en reposo. El viento sopla en la dirección dada por las flechas. Al llegar al cilindro C, ha de hacer un rodeo en el que pasa por los puntos A y B a igual velocidad. Por lo tanto en los puntos A y B la presión es la misma; el viento no ejerce ninguna fuerza sobre el cilindro. Pero supongamos ahora que el cilindro está en rotación, en el sentido según la flecha F. Con esto se consigue que el flujo de viento se distribuya desigualmente a ambos lados del cilindro. Pues el movimiento de rotación del cilindro favorece la parte del flujo inicial de viento que pasa por B, mientras que amortigua al que pasa por A. Se forma un movimiento que posee una mayor velocidad en B que en A. Por lo tanto, la presión es mayor en A que en B y el cilindro experimenta una fuerza de izquierda a derecha que es utilizada para impulsar el barco.

Se podría pensar que una persona sagaz habría llegado a esta idea por sí misma, sin ayuda de motivos externos. Pero en la realidad el desarrollo ha sido el siguiente: en los tiros de balas de cañones se ha observado, también con el viento en calma, la aparición de considerables e irregulares desviaciones laterales de la trayectoria. Este extraordinario hecho tenía que estar relacionado necesariamente con la rotación de las balas, pues no habíaningún motivo para pensar que la resistencia del aire fuese asimétrica. La explicación correcta de este fenómeno la encontró el físico berlinés Magnus hacia mediados del siglo pasado. Es la misma que la que acabamos de dar para el cilindro de Flettner sometido a la fuerza del viento. Sólo que en este caso, en vez del cilindro C se trata de una bala y en vez del viento, el movimiento relativo del aire respecto a la bala. Magnus demostró su explicación haciendo uso de un cilindro rotatorio que no se diferencia mucho del cilindro de Flettner. Algo después el gran físico inglés Lord Raleigh volvió a descubrir, independientemente, el mismo fenómeno para las pelotas de tenis, dando la explicación correcta. En los últimos años, el conocido profesor Prandtl realizó estudios experimentales y teóricos sobre el movimiento de fluidos en un cilindro Magnus, en los que prácticamente proyectaba lo que luego fue construido por Flettner. Flettner vio los estudios de Prandtl y fue entonces cuando pensó en aplicarlos a un barco en sustitución a las velas. Quizás, ¡si no fuera por él nadie hubiera caído en la cuenta!

La causa de la formación de meandros en los ríos y la ley de Baer

Es un hecho conocido que los ríos tienen tendencia a formar líneas sinuosas en vez de seguir la mayor pendiente de la región. Los geógrafos también saben que los ríos del hemisferio norte tienden a desplazarse principalmente hacia el lado derecho. Los ríos del hemisferio sur se comportan a la inversa (ley de Baer). Existen múltiples intentos de explicar este fenómeno y no estoy seguro de que haya algo nuevo para el especialista en lo que voy a explicar; de todas maneras hay partes que son conocidas. Pero como no he encontrado a nadie que supiera todas las derivaciones, creo que es correcto exponerlas de forma sucinta.

En primer lugar, está claro que la erosión será tanto mayor cuando mayor sea la velocidad de la corriente en la orilla correspondiente, es decir, cuando mayor sea la disminución de la velocidad de la corriente hasta llegar a valer cero en la orilla. Esto es válido con independencia de que la erosión se deba a efectos mecánicos o a factores físico-químicos (disolución de componentes del suelo). Por lo tanto, tenemos que centrar nuestra atención en las circunstancias que influyen sobre la rapidez con que disminuye la velocidad de la corriente en la orilla.

En ambos casos, la asimetría en la disminución de la velocidad se debe indirectamente a la formación de un fenómeno de tipo circulatorio que vamos a analizar a continuación:

Empezaré con un pequeño experimento que todo el mundo puede repetir con facilidad: tomar una taza llena de té con el fondo plano. En el fondo hay algunas hojas de té, que se encuentran ahí por ser más pesadas que el líquido. Si damos vueltas con una cuchara, se establecerá un movimiento de rotación y las hojas de té se reunirán en el centro del fondo de la taza. La causa de este fenómeno es el siguiente: al mover el líquido, actúa una fuerza centrífuga sobre él. Esta fuerza no ocasionaría ninguna modificación en la corriente del fluido si éste girara como un cuerpo rígido. Pero cerca de la pared el fluido es frenado por el roce, por lo que esta parte de él adquiere una velocidad angular diferente que la del resto, situado más al centro. En particular se reduce la velocidad angular, y por consiguiente la fuerza centrífuga también, cerca del fondo. Por tanto, la fuerza centrífuga es menor en el fondo de la taza y esto originará una circulación del líquido del tipo dibujado en la figura 1. Ella crece hasta entrar en contacto con el fondo, donde es frenada por el roce. Las hojas de té son llevadas al centro de la taza por el movimiento de circulación y prueban la existencia de dicha circulación.

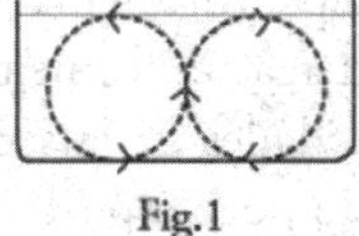

Fig.1

De manera semejante sucede en un río que constituye un recodo. En todas las secciones del río se origina una fuerza centrífuga, dirigida hacia la parte exterior de la curvatura (de A a B).

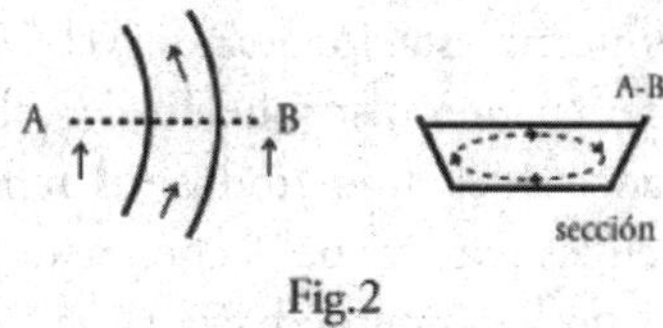

Fig.2

Pero esta fuerza centrífuga es menor cerca del suelo, donde la velocidad del agua es menor a causa del roce. Esto ocasiona la formación de una circulación del tipo dibujado en la figura 2, bajo la influencia, aunque débil, de la rotación de la Tierra. Esta ejerce una fuerza de coriolis en dirección transversal a la de la corriente, cuya componente horizontal vale para cada unidad de masa del líquido, donde es la velocidad de la corriente del líquido, la velocidad de rotación de la Tierra, y la latitud geográfica. Debido a que el roce del suelo también reduce estafuerza, ésta también origina un movimiento de circulacióndel tipo representado en la figura 2.

Tras esta reflexión introductoria, volvamos a la distribución de la velocidad en la sección del río, que es la que regula la erosión. Para esto tenemos que imaginarnos cómo se origina y mantiene la (turbulenta) distribución de velocidades en un río. Si el agua de un río fuera puesta en movimiento repentinamente por la introducción de un impulso de fuerza uniformemente distribuido, la distribución de velocidades en la sección sería al principio proporcional. Sólo poco a poco se iría formando una distribuciónde velocidades que crecería desde las cercanías de las orillas hacia el interior, debido al rozamiento con las paredes del lecho del río. Una perturbación (en el medio más o menos) de la distribución estacionaria de velocidades sólo se volvería a reestablecer lentamente bajo la influencia del roce.

La hidrodinámica simboliza el reestablecimiento de la anterior distribución estacionaria de velocidades, de la forma siguiente: en una distribución de velocidades sistemática (potencial del flujo) todos los remolinos están concentrados en las paredes del lecho. Se despegan de las orillas y se dirigen lentamente hacia la parte media de la sección del líquido, distribuyéndose en una capa de grosor creciente. Con ello disminuye la caída de velocidad en las cercanías de las paredes del lecho. El rozamiento interno del líquido absorbe poco a poco los remolinos, los cuales son reemplazados por los nuevos que se han formado en la orilla. De esta manera se establece una distribución quasi-estacionaria de velocidades. El proceso para llegar a la distribución estacionaria de velocidades es lento. En esto descansa el que causas relativamente insignificantes sean capaces de influir notablemente sobre la distribución de velocidades en la sección. Pensemos ahora en la influencia que puede ejercer en la distribución de velocidades el movimiento de circulación representado en la figura 2, independientemente de si está originado por un recodo del río o por la fuerza de coriolis. Las partículas más rápidas del líquido serán aquellas que se hallen más alejadas de las paredes del lecho, es decir, las que se encuentran en la parte superior por encima del centro del fondo. Estas partículas del líquido son empujadas por el movimiento de circulación hacia la pared derecha, mientras que la pared izquierda recibe las partículas procedentes de las cercanías del fondo y que por tanto son las que poseen menor velocidad. Por consiguiente la erosión ha de ser mayor en el lado derecho que en el izquierdo (en el caso de la figura 2). Hay que hacer notar que esta explicación se basa en el hecho de que el movimiento de circulación lento del líquido influye considerablemente en la distribución de velocidades, debido a que la igualación de las velocidades por el roce interno es también un fenómeno lento.

Con esto hemos explicado las causas de la formación de los meandros. De ellas se pueden sacar fácilmente algunas consecuencias. La erosión no sólo será mayor en la pared derecha sino que lo será también en la parte derecha del fondo, con lo que el perfil tenderá a adoptar la forma representada en la figura 3.

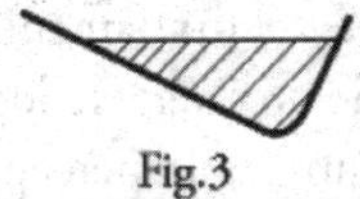

Fig.3

De otro lado, el agua llega a la superficie por la parte izquierda más cercana a la pared, por lo tanto en la parte izquierda el agua se mueve más despacio en la superficie que a mayor profundidad. Esto se ha comprobado. También es cierto que el movimiento de circulación posee inercia. Por consiguiente la circulación alcanzará su máximo valor después del punto de mayor curvatura, al igual que la asimetría en la erosión. Con lo cual, en el transcurso de la erosión, habrá un adelanto de la ondulación en la formación de los meandros, en el sentido de la corriente. Por último, el movimiento de circulación será más lento cuanto mayor sea la sección transversal del río, y por tanto cuanto mayor roce haya; por lo cual la ondulación en la formación de meandros crecerá cuando aumente la sección transversal del río.

La influencia de Maxwell en el desarrollo de la concepción de lo físico-real

La creencia en un mundo exterior independiente de los objetos percibidos se encuentra en la base de todas las ciencias de la naturaleza. Como consecuencia a que las percepciones sensoriales sólo dan una información indirecta de este mundo exterior, por ejemplo, de lo físico-real, éste sólo puede ser comprendido por nosotros a través del camino teórico. De esto se desprende que nuestra interpretación de lo físico-real nunca será definitiva. Tenemos que encontrarnos siempre dispuestos a modificar esta interpretación, esto es, el fundamento axiomático de la física, para justificar de una manera lógica, lo más completa posible, los fenómenos de la percepción. De hecho, una visión del desarrollo de la física muestra que este fundamento axiomático ha experimentado profundos cambios a lo largo de la historia.

La alteración más importante del fundamento axiomático de la física, es decir, de nuestra interpretación de la estructura de lo real, desde la fundación por Newton de la física teórica, ha sido provocada por las investigaciones de Maxwell y Faraday sobre los fenómenos electromagnéticos. Vamos a intentar recordar con mayor exactitud toda esta evolución.

Según el sistema de Newton, lo físico-real viene determinado por los conceptos siguientes: espacio, tiempo, punto material y fuerza (equivalente a interacciones entre los puntos materiales). Los sucesos físicos se han de entender a partir de los movimientos de los puntos materiales en el espacio. El punto material es el único representante de lo real, en tanto éste es variable. El concepto de punto material lo originaron seguramente los cuerpos perceptibles; se pensaba en un punto material como algo análogo a los cuerpos móviles, suprimiendo a éstos las características de dimensión, forma, orientación espacial, y las cualidades «interiores», manteniendo la inercia y la traslación y añadiendo el concepto de fuerza. Los cuerpos materiales que psicológicamente produjeron la formación del concepto de «punto material», tuvieron que ser entonces concebidos como un sistema de puntos materiales. Hay que hacer notar que la entidad de este sistema es atómica y mecánica. Según la ley de movimiento de Newton, todos los sucesos se tenían que entender mecánicamente, esto es, como movimientos de los puntos materiales.

El punto menos resuelto de esta teoría es esencialmente (aparte de las dificultades que origina elconcepto del «espacio absoluto») la teoría de la luz. Newton creía que la luz estaba compuesta por puntos materiales. Ya entonces se debían preguntar los científicos qué ocurre a la luz, constituida por puntos materiales, cuando es absorbida. Tampoco es satisfactoria la introducción de puntos materiales de diferente clase como lo exigía la descripción de la materia ponderable y de la luz. A estas dos clases todavía se añadió una tercera con propiedades totalmente diferentes: los corpúsculos eléctricos. Una debilidaddel fundamento consistía en que se tenían que admitir hipotética y arbitrariamente las fuerzas originadas por las interacciones que determinaban los sucesos. Pero a pesar de todo, esta interpretación de lo real consiguió grandes logros. ¿Cómo se llegó a tener la impresión de que había que desecharla?

Para poder formular matemáticamente su sistema, Newton tuvo que encontrar el concepto de cociente de derivadas y expresar las leyes del movimiento en forma de ecuaciones diferenciales (quizás el paso intelectual más grande dado jamás por un hombre). Para ello no era necesario usar ecuaciones en derivadas parciales; Newton nunca hizo un uso metódico de éstas. Pero eran necesarias para la formulación de la mecánica de los cuerpos deformables; esto está relacionado con el hecho de que, en principio, en estos problemas no interviene la manera como están construidos los cuerpos a partir de los puntos materiales.

De esta forma, las ecuaciones en derivadas parciales entraron en la física como servidoras, pero poco a poco se han ido convirtiendo en dominadoras. Esto empezó en el siglo XIX, al imponerse la teoría ondulatoria debido a las observaciones experimentales. La luz en el espacio vacío era concebida como un fenómeno ondulatorio del éter y por lo tanto tenía que parecer inútil volver a considerar al éter como un conglomerado de puntos materiales. Aquí aparecieron por primera vez las ecuaciones en derivadas parciales como la expresión natural de la física elemental. Por consiguiente, el campo continuo se erigía en representante, junto al punto material, de lo físico-real. Esta dualidad no ha desaparecido hasta la actualidad, por muy molesta que sea para toda persona sistemática.

La idea de lo físico-real había dejado de ser únicamente atómica para convertirse en puramente mecánica. Se seguía intentando interpretar todos los sucesos como movimientos de la masa inercial. Era inconcebible otra clase de interpretación. Fue entonces cuando adivinó el gran cambio que quedará unido para siempre a los nombres de Faraday, Maxwell y Hertz. La parte más importante de esta revolución la llevó a cabo Maxwell. Demostró que todo lo que entonces se conocía sobre la luz y los fenómenos electromagnéticos se podía descubrir mediante su conocido doble sistema de ecuaciones en derivadas parciales, en el que el campo magnético y el eléctrico son las variables dependientes. Maxwell intentó fundamentar estas ecuaciones en la mecánica.

Pero esto le resultó imposible y así parecía que las propias ecuaciones eran lo esencial y que las intensidades de campo que aparecían en las ecuaciones eran entes elementales irreductibles. Hacia finales del siglo esto ya era admitido por casi todo el mundo y los científicos serios habían abandonado los intentos de basar las ecuaciones de Maxwell en la mecánica. Pronto se intentó hacer al revés, es decir, explicar los puntos materiales y su inercia con ayuda de la teoría de campo de Maxwell. Tampoco en este caso los esfuerzos se vieron culminados con el éxito.

Si dejamos aparte los resultados que ha traído consigo el trabajo de Maxwell y nos concentramos en la modificación que ha introducido en la interpretación de lo físico-real, podemos decir lo siguiente: con anterioridad a Maxwell se pensaba en lo físico-real en tanto tenía que explicar los fenómenos de la naturaleza como puntos materiales cuyas alteraciones únicamente se deben a movimientos que pueden ser formulados por medio de ecuaciones en derivadas parciales. Después de Maxwell, se pensaba que lo físico-real estaba caracterizado por campos continuos, no explicables mecánicamente, que podían ser formulados mediante ecuaciones en derivadas parciales. Esta modificación en la interpretación de lo real es la más profunda y trascendental que ha experimentado la física desde Newton. Pero también hay que señalar que todavía no se ha conseguido la completa realización de la idea descriptiva. Los sistemas físicos eficaces formulados desde entonces, ponen de manifiesto los compromisos existentes entre estos dos programas. Llevan el sello de lo provisional e incompleto, debido a su carácter de compromiso, a pesar de que individualmente han realizado grandes avances.

Entre dichos sistemas, hay que nombrar en primer lugar la teoría de los electrones de Lorentz, en la que los corpúsculos eléctricos y el campo aparecen como elementos de igual valor en la interpretación de lo real. A continuación vino la teoría de la relatividad restringida y de la relatividad general. Lo cual (a pesar de estar basada en consideraciones de la teoría de campo) no ha podido evitar, hasta ahora, la introducción independiente del punto material y de las ecuaciones diferenciales.

La última creación de la física teórica: la mecánica cuántica, difiere en su fundamento de los dos programas anteriormente citados, que provisoriamente llamaremos de Newton y de Maxwell. Pues las magnitudes que resultan de sus ecuaciones no intentan describir lo físico-real, sino que únicamente intentan expresar la posibilidad de aparición de una determinada realidad física. Dirac, a quien en mi opinión tenemos que agradecer la formulación lógica más completa de esta teoría, indica que, por poner un ejemplo, sería bastante difícil describir teoréticamente al fotón, de tal manera que la descripción contuviera la suficiente base para saber si un electrón atravesará, o no, un polarizador colocado oblicuamente en su camino.

No obstante, me inclino por la opinión de que a largo plazo, el físico no se contentará con una descripción indirecta de lo real, ni tampoco en el caso de que dicha teoría se ajuste satisfactoriamente al postulado de la relatividad general. Entonces se tendrá que volver a intentar la realización del llamado programa de Maxwell: descripción de lo físico-real por medio de campos que satisfagan ecuaciones en derivadas parciales sin singularidades.

Sobre la verdad científica

1. No es fácil dar sentido claro a la expresión «verdad científica». El sentido de la palabra «verdad» cambia según se trate de un hecho experimental, de una ley matemática o de la teoría de una ciencia de la naturaleza. Bajo la expresión «verdad religiosa» tampoco puede pensarse nada que sea claro.

2. La investigación científica puede hacer menguar las creencias supersticiosas por medio del pensamiento causal. En la base de todo buen trabajo científico existe un sentimiento religioso relacionado con convicciones de la razón. Por ejemplo, la comprensibilidad del mundo.

3. Mi idea de Dios se halla constituida por un sentimiento profundo que se vincula con el convencimiento de que una razón se manifiesta en la naturaleza; según la manera de expresarse normalmente se le podría describir como «fantástico» (Spinoza).

4. Las tradiciones confesionales sólo puedo considerarlas bajo el punto de vista histórico y psicológico; no poseo ninguna otra relación con ellas.

¿Podemos elegir el descubrimiento de la verdad, o dicho con mayor modestia comprender el mundo experimentable por medio del pensamiento lógico constructivo, como meta independiente de nuestra vida? ¿O hay que subordinar ese esfuerzo por alcanzar una comprensión razonable a otras metas «prácticas»? El pensamiento puro no posee medios para contestar a esta pregunta. En cambio, la decisión que se tome tiene una influencia considerable en nuestro pensamiento y en nuestras obras. Suponiendo que se tenga un carácter que permita adoptar convicciones inmutables. Déjenme confesar: para mí, la búsqueda del conocimiento es una de esas metas sin las cuales no creo que le sea posible al hombre racional alcanzar una información consciente de su propia existencia.

La esencia de la búsqueda del conocimiento es conseguir tanto un dominio lo mayor posible de los fenómenos experimentales, como una sencillez y economía en las hipótesis fundamentales. La compatibilidad definitiva de estas metas es cuestión de fe, dado el estado primitivo en que se encuentra nuestra investigación. Sin esta fe, mi convicción en el valor independiente del conocimiento no sería absoluta.

Esta orientación religiosa, por etiquetarlo así, del hombre científico hacia la verdad, no deja de influir en la personalidad. Pues para el investigador no existe, en principio, ninguna autoridad cuyas decisiones puedan reclamar el derecho a considerarse «verdad», aparte de lo que brinda la naturaleza y de las leyes elaboradas por el pensamiento. Por eso se da la paradoja de que un hombre que dedica sus mejores esfuerzos a lo objetivo, socialmente es considerado un individualista que, al menos en principio, sólo se fia de su propio juicio.

Incluso se puede mantener la opinión de que el individualismo intelectual y la búsqueda científica aparecieron juntas en la historia, y desde entonces no se han separado.

El hombre científico que hemos caracterizado no es más que una pura abstracción que no encontraremos en la vida real. Algo análogo a lo que sucede con el horno *economicus* de la economía clásica. Pero creo que no existiría nada parecido a la ciencia que hoy poseemos, si no hubiera existido el hombre científico, al menos de forma aproximada en muchos individuos, a lo largo de los siglos.

No considero hombre científico a todo el que emplea instrumentos y métodos «científicos» de manera directa o indirecta, por el hecho de haber aprendido a usarlos. Sólo me refiero a aquellos que de verdad poseen una mentalidad científica.

¿Qué situación ocupa el hombre científico en la sociedad? Está orgulloso de haber transformado, al menos indirectamente, la vida económica de los hombres mediante la eliminación del trabajo muscular. Por otro lado, le atormenta que sus logros experimentales hayan traído una amenaza para la humanidad, después que estos frutos de la investigación cayeran en manos de los representantes del poder político. Son conscientes de que las investigaciones sobre los métodos técnicos han conducido a una concentración de poder económico, y por tanto también político, en manos de una minoría, de cuyas manipulaciones depende por completo el destino de la masa de individuos. Todavía más: tal concentración del poder económico y político en manos de unos pocos no sólo ha traído consigo una dependencia material, sino que también amenaza su existencia, impidiendo el desarrollo de una personalidad independiente, mediante el uso de medios de influencia espiritual muy refinados.

Con esto observamos el dramático destino que le está reservado al hombre científico. Llevado por la búsqueda de la claridad e independencia interiores, ha logrado mediante esfuerzos sobrehumanos los medios para su esclavización exterior y su aniquilamiento interior. Ha de dejar que los representantes del poder político le pongan un bozal. Se ve obligado a sacrificar su propia vida y a destruir las ajenas, aunque esté convencido de la inutilidad de tal sacrificio. Ve con claridad que el hecho, producto de la historia, de que los estados nacionales se hayan convertido en representantes del poder económico, político y por tanto también militar, llevará a la aniquilación de todos. Sabe que sólo la disolución de los métodos de pura violencia a través de un ordenamiento jurídico supranacional puede salvar a la humanidad. Pero ha llegado a un punto en que acepta la esclavitud que se le ha impuesto, como un hecho inevitable. Incluso se rebaja a ayudar en el perfeccionamiento de los métodos y medios para la aniquilación de los hombres, cuando se lo ordenan.

¿Debe aceptar el hombre científico todas estas humillaciones? ¿Ha pasado ya la época en la que podía iluminar y enriquecer la vida de los hombres mediante la libertad e independencia de sus pensamientos e investigaciones? ¿No habrá olvidado sus responsabilidades al dirigir su vida sólo hacia lo intelectual? Yo contesto: a un hombre interiormente libre, y escrupuloso, se le puede destruir, pero no se puede hacer de él ni un esclavo ni una herramienta ciega.

Si los científicos de nuestra época encontraran tiempo y valor para sopesar tranquila y críticamente su situación y sus deberes, las esperanzas de resolver favorable y razonablemente la peligrosa situación internacional aumentarían en gran medida.

Índice

Estudio preliminar

El mundo como yo lo veo

•FONTANA•

1. **LA DIVINA COMEDIA,** Dante
2. **EL ARTE DE LA GUERRA,** Sun Tzu
3. **LA ILÍADA,** Homero
4. **LA ODISEA,** Homero
5. **LA ENEIDA,** Virgilio
6. **EL RETRATO DE DORIAN GRAY,** Oscar Wilde
7. **LA METAMORFOSIS,** Franz Kafka
8. **FRANKENSTEIN,** Mary Shelley
9. **NECRONOMICÓN, LOS MEJORES RELATOS,** H. P. Lovecraft
10. **ALICIA EN EL PAÍS DE LAS MARAVILLAS,** L. Carroll
11. **A TRAVÉS DEL ESPEJO,** Lewis Carroll
12. **LA VUELTA AL MUNDO EN OCHENTA DÍAS,** J. Verne
13. **DRÁCULA,** Bram Stoker
14. **CUENTOS DE LA SELVA,** Horacio Quiroga
15. **EL FANTASMA DE LA ÓPERA,** Gaston Leroux
16. **LA BELLA Y LA BESTIA,** Velleneuve y Beaumont
17. **DE LA TIERRA A LA LUNA,** Julio Verne
18. **EL PROCESO,** Frank Kafka
19. **CUENTOS DE AMOR DE LOCURA Y DE MUERTE,** H. Quiroga
20. **ROMEO Y JULIETA,** William Shakespeare
21. **ASÍ HABLABA ZARATUSTRA,** Friedrich Nietzsche
22. **MANIFIESTO COMUNISTA,** K. Marx y F. Engels
23. **EL PRÍNCIPE,** Nicolás Maquiavelo
24. **EL KYBALIÓN,** Tres Iniciados
25. **MÁS ALLÁ DEL BIEN Y DEL MAL,** Friedrich Nietzsche
26. **EL ANTICRISTO,** Friedrich Nietzsche
27. **APOLOGÍA DE SÓCRATES,** Platón
28. **DIÁLOGOS,** Platón
29. **METAFÍSICA,** Aristóteles
30. **RETÓRICA,** Aristóteles
31. **ÉTICA A NICÓMACO,** Aristóteles
32. **ELOGIO DE LA LOCURA,** Erasmo de Rotterdam
33. **AURORA,** Friedrich Nietzsche
34. **AZUL...,** Rubén Darío
35. **SELECCIÓN POÉTICA,** Federico García Lorca
36. **SENTIDO Y SENSIBILIDAD,** Jane Austen
37. **EL FANTASMA DE CANTERVILLE Y OTROS RELATOS,** O. Wilde
38. **EL PRÍNCIPE FELIZ Y OTROS CUENTOS,** Oscar Wilde
39. **CORAZÓN: DIARIO DE UN NIÑO,** Edmondo de Amicis
40. **ALREDEDOR DE LA LUNA,** Julio Verne

41. **LA MURALLA CHINA,** Franz Kafka
42. **AMÉRICA,** Franz Kafka
43. **EL PERRO DE LOS BASKERVILLE,** Arthur Conan Doyle
44. **EL DOCTOR JEKYLL Y MISTER HYDE,** Robert Louis Stevenson
45. **YERMA · DOÑA ROSITA LA SOLTERA,** Federico García Lorca
46. **SELECCIÓN DE CUENTOS,** Hermanos Grimm
47. **SELECCIÓN DE CUENTOS,** Christian Andersen
48. **EL MARAVILLOSO MAGO DE OZ,** Lyman Frank Baum
49. **EL CREPÚSCULO DE LOS ÍDOLOS,** Friedrich Nietzsche
50. **LA REPÚBLICA,** Platón
51. **EL CUERVO Y OTROS POEMAS,** Edgar Allan Poe
52. **LA MÁSCARA DE LA MUERTE ROJA Y OTROS RELATOS,** E. A. Poe
53. **EL CONTRATO SOCIAL,** Rousseau
54. **TRES ENSAYOS SOBRE LA TEORÍA SEXUAL,** Sigmund Freud
55. **PRINCIPIOS ELEMENTALES DE LA FILOSOFÍA,** Georges Politzer
56. **POPOL VUH & CHILAM BALAM**
57. **CANCIÓN DE NAVIDAD,** Charles Dickens
58. **EL INVITADO DE DRÁCULA Y OTRAS HISTORIAS DE TERROR,** Bram Stoker
59. **SALOMÉ & UNA MUJER SIN IMPORTANCIA,** Oscar Wilde
60. **INVESTIGACIÓN SOBRE LA NATURALEZA Y CAUSAS DE LA RIQUEZA DE LAS NACIONES,** Adam Smith
61. **EL ESCARABAJO DE ORO Y OTROS RELATOS,** Edgar Allan Poe
62. **HOJAS DE HIERBA,** Walt Whitman
63. **TAO TE KING,** Lao Tse
64. **MARTÍN FIERRO,** José Hernández
65. **MARÍA,** Jorge Isaacs
66. **EL ARTE DE AMAR · EL REMEDIO DEL AMOR,** Ovidio
67. **EL PROFETA · EL JARDÍN DEL PROFETA,** Khalil Gibrán
68. **DESOBEDIENCIA CIVIL Y OTROS TEXTOS,** Henry David Thoreau
69. **EL VALLE DEL TERROR,** Arthur Conan Doyle
70. **LA TEOGONÍA,** Hesíodo
71. **LA CASA DE BERNARDA ALBA · LA ZAPATERA PRODIGIOSA,** Federico García Lorca
72. **LAS FLORES DEL MAL,** Charles Baudelaire
73. **EL TERROR EN LA LITERATURA,** H. P. Lovecraft
74. **EL MUNDO COMO YO LO VEO,** Albert Einstein
75. **LOS MITOS DE CTHULHU,** H. P. Lovecraft
76. **UTOPÍA,** Tomás Moro
77. **EL GATO NEGRO Y OTROS RELATOS,** Edgar Allan Poe
78. **EN LAS MONTAÑAS DE LA LOCURA,** H. P. Lovecraft
79. **CUMBRES BORRASCOSAS,** Emily Brontë